ARMUT—SCHÜLER FRAGEN NACH
by Jutta Bauer, illustrated by Katharina J. Haines

Copyright ⓒ 2017 Carlsen Verlag GmbH. Hamburg, Germany
All Rights Reserved Korean Translation ⓒ 2021 by Nikebooks

Korean translation rights arranged with Carlsen Verlag GmbH.
through Orange Agency.

이 책의 한국어판 저작권은 오렌지 에이전시를 통해 저작권자와 독점
계약한 니케북스에 있습니다. 저작권법에 의하여 한국 내에서 보호를 받는
저작물이므로 무단전재 및 복제를 금합니다.

들어가는 말

가난이 무엇일까요? 돈이 부족하고, 입고 싶은 옷을 살 수 없고, 여행을 갈 수도 없고, 영화나 연극, 음악회 같은 문화 활동을 하지 못하는 걸까요? 아니면 집이 없어서 길거리에서 잘 수밖에 없는 것일까요? 그럼 반대로 부자는 무엇일까요? "2016년 세계에서 가장 부자(모두 남자)인 8명이 전 세계 전체 가난한 절반의 사람보다 더 재산이 많다. 먹을 것이 없어 굶주리는 사람이 수십만 명인데, 돈은 점점 더 소수의 사람들에게로 집중된다." 2016년 옥스팜*에서 나온 보고서에는 이런 글이 실려 있었어요.

함부르크 시청에서 열린 아동 빈곤 청문회에서 자유복지사업협회**의 직원에게 함부르크에 사는 아동의 5분의 1이 가난하며, 잘사는 나라의 대도시도 아동의 빈곤율은 좀처럼 줄어들지 않는다는 이야기를 들었습니다. 가난한 사람들은 작은 공간에 많은 식구가 살아야 하기 때문에, 혼자서 무언가를 할 수 있는 공간이 없다고 해요. 아이들은 대화를 나눌 사람도 없으며, 책을 읽어주는 사람도 없어요. 평생 한 번도 식당에 가보지 못한 아이들도 있다고 해요. 한 명의 아이가 얼마나 건강하게 자라고 좋은 교육을 받으며, 자신감을 가지고 미래를 계획할 수 있을지는 모두 부모의 수입에 따라 달라지는 것이지요.

그 모든 것이 가난입니다. 가난은 그보다 더 많은 것을

---

* 빈곤이 사라진 정의로운 세상을 만들기 위해 노력하는 국제 빈민구호단체랍니다.

** 독일 북부에 있는 도시 함부르크에서 활동하는 자선단체들 중에 규모가 가장 큰 6개의 단체가 모여 만든 연합회입니다.

의미해요. 가난은 많은 얼굴을 가졌습니다. 가난한 나라 인도에서 가난한 아이와 부자 나라 독일에서 가난한 아이는 완전히 달라요. 그 문제는 본문에서 빈곤 문제를 연구하시는 크리스토프 부터베게 교수님이 "가난이 무엇인가요?"라는 질문에 대해 답하면서 설명해주실 거예요.

그런데 가난은 정확히 어떤 기분이 들게 할까요? 키즈(KIDS)* 에서 만난 한 청소년은 그 질문에 이렇게 대답했어요. "필요한 건 많은데 살 수가 없어요. 여기서는 돈 없는 사람이 있을 곳이 없어요." 그 아이의 말이 내 귀에는 이렇게 들렸습니다. "소비가 너무 중요한 이런 나라에서 돈이 없으면 정말 비참한 기분이 들어요."

가난하면 기분이 어떤지, 반대로 정말 돈이 많으면 어떤 기분이 들지, 그걸 정확하게 알고 싶으면 가난한 사람과 부자한테 직접 물어보는 게 제일 좋을 거예요. 아니면 가난한 사람들을 돕거나 정치나 학문을 하는 사람들에게 물어보는 것도 좋을 거예요. 특히 어린이와 청소년들이 가난과 관련해 무엇이 궁금한지, 가난이라는 것에 관심이 있기는 한지 알고 싶었어요. 그래서 학생들에게 궁금한 내용을 적어 달라고 부탁했어요. 그리고 그 질문들을 들고 힌츠&쿤츠트 카페의 노숙자들과 키즈의 청소년들에게 직접 물어봤어요. 아이들의 질문 중에는 돈이 많은 사람이나 학자,

* 본문에 나오는 '카페 미트 헤르츠', '헤르츠 AS', '힌츠&쿤츠트', '키즈', '쇼르쉬', '슈티츠푼크트' 등은 실업자, 노숙자, 빈민 가정의 성인, 아동, 청소년을 돕는 함부르크의 사회 기관들이에요. 이곳에서는 무료 급식, 샤워 시설, 옷, 상담 서비스 등을 제공하고 있답니다.

정치가, 철학자에게 묻는 말도 많았어요. 예를 들어 "가진 돈을 기부하나요?", "왜 가난한 사람이 있고 부자가 있나요?" 같은 질문들이었죠. 그런 질문들 역시 대답을 해줄 만한 사람들을 찾아갔답니다.

    그들의 대답을 정리하는 건 쉽지 않은 작업이었어요. 특히 부자들은 돈 이야기를 하지 않으려고 했거든요. "왜 어떤 사람은 돈을 많이 버는데, 어떤 사람은 조금밖에 벌지 못하나요?" 이 질문을 던진 청소년은 돈을 많이 버는 프로 축구선수가 대답해주기를 바랐지만 많은 노력에도 대답을 해줄 축구선수를 찾지 못했어요. 대신 미국에서 프로 농구선수로 활약 중인 더크 노비츠키가 질문에 대답해주었답니다.

    여기에 실린 대답들은 정답이 아니라 개인의 의견이거나 정치적 견해예요. 이 프로젝트를 진행하면서 정말 많은 것을 배웠고 많은 감동을 받았으며, 여러 기관에서 마주친 따뜻한 마음들에 감격했답니다. 너무 가난한 사람 중에도 부자는 있었어요. 바로 경험과 공감의 부자였어요. 이 책이 많은 손, 크고 작고, 가난하고, 부유한 모든 손에 들어가기를 바라고 있어요. 또 이 책을 읽고 낡고 해진 신발을 신었다고, 메이커 옷을 입지 않았다는 이유로 친구를 놀리는 짓이 얼마나 어리석은지를 깨닫는 어린이와 청소년이 많아지기를 기대합니다.

 유타 바우어

뛰어내리지 의학 위는

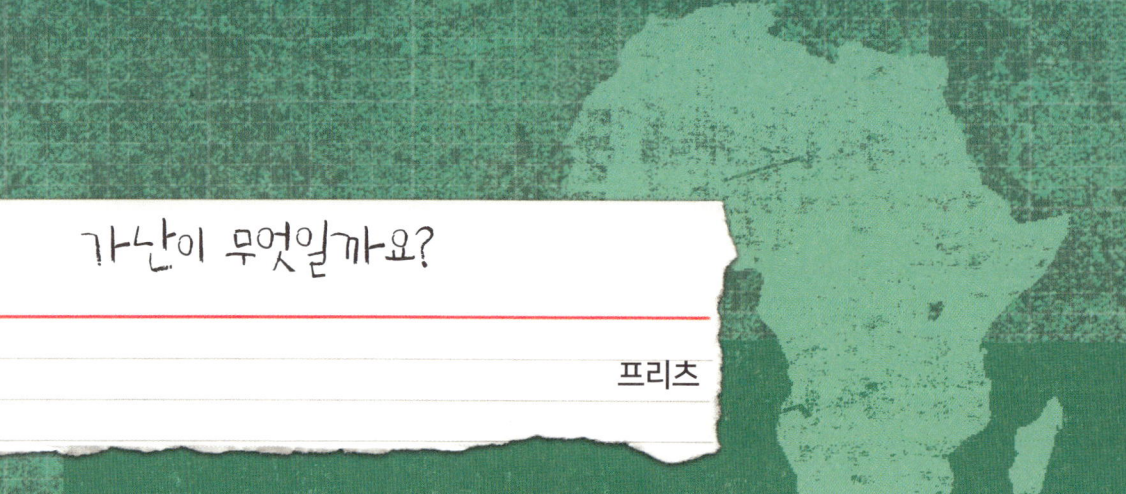

가난이 무엇일까요?

프리츠

 가난은 얼굴이 많답니다. 인도의 대도시 콜카타에는 가난한 사람이 많아요. 그런 도시에서 가난하게 사는 것은 부자 나라 독일의 쾰른시에서 가난하게 사는 것과는 아주 다르지요. 항상 배가 고프거나 깨끗한 물을 마실 수 없다면 정말 힘들 거예요. 추운 날씨에도 따뜻한 옷이 없거나 아프리카 사람들처럼 집이 없는 것도 무척 힘들 거예요. 그렇지만 부자 나라에서 가난하게 사는 사람들은 가난한 나라에서 가난하게 사는 사람들보다 마음이 더 괴로울 수 있답니다. 왜냐하면 가난한 나라에서는 모두 다 같이 가난하거든요. 그러니 휴대전화가 없거나 극장에 갈 돈이 없다고 해서 따돌림을 당하거나 비웃음을 당하지는 않기 때문이에요.

크리스토프 부터베게 교수
정치학자이자 빈곤 연구가

그렇다면 부자란 무엇인가요?

취레

부자란 죽을 때까지 돈 걱정 없이 살 수 있을 만큼 돈이 많은 사람을 말해요.

크리스토프 부터베게 교수
정치학자이자 빈곤 연구가

왜 가난한 사람이 있고
부자가 있는 것일까요?

취레

이 질문에는 정말 많은 답이 있을 거예요. 지금 내가 고른 답은 그중 하나일 뿐이에요. 아마도 이 대답이 우리 친구에게는 의미가 있을 거예요. 아름다운 푸른 별 지구에는 많은 생명체가 산답니다. 그 생명체들은 식물, 동물, 인간을 가리지 않고 모두 어느 정도 나이를 먹으면 스스로 살아가야 하지요. 특히 우리 인간은 더욱 그렇답니다.

우리는 모두 세상에 단 하나밖에 없는 유일한 존재예요. 누려야 할 권리는 똑같지만 생긴 것은 몸도, 정신도, 마음도 다 다르답니다. 눈, 코, 귀, 피부 같은 감각기관과 신체 부위 생김새가 다 다른 것은 말할 것도 없고, 어떤 사람은 그중 일부가 아예 없기도 하지요. 모든 사람은 각자 좋은 점이 있고, 나쁜 점이 있답니다. 모두 서로의 경쟁자가 되는 것이지요. 어떤 사람은 부자가 되어 부족한 것 없이 살지만 또 어떤 사람은 가난해서 꼭 필요한 것도 제대로 갖추지 못하고 살아요.

취례 학생의 질문은 다음과 같은 질문으로 이어질 수 있습니다. 우리가 서로 경쟁자이자 적이라는 사실을 어떻게 바라보아야 하느냐예요. 나는 예수 그리스도를 믿는 사람이므로 모든 인간의 존엄성은 침해할 수 없는 것이라고 생각해요. 그러므로 모두가 권리를 누릴 수 있도록 서로 도울 의무가 있어요. "모두의 이익, 즉 공익이 개인의 이익을 앞선다." 이 점을 명심해 인간다운 삶을 함께 살아가야 해요. 한마디로 서로 경쟁하거나 싸우지 말고, 자신의 권리를 존중받으면서 함께 살아가는 것이 중요하지요.

헬머-크리스토퍼 레만
복음주의 교회 목사

왜 가난한 사람이 있고 부자가 있는 것일까요?

 무엇보다 인간은 다 다르기 때문이에요. 모든 인간은 소망도 다르고, 관심도 다르며, 능력이나 출신도 다릅니다. 당연히 생활환경도 같을 수가 없지요.

어떤 사람이 좋아하는 일을 직업으로 선택했는데, 아무도 그를 찾지 않는다면 그 사람은 돈을 벌 수 없지요. 직장에 취직했는데 능력이 없어서 일을 제대로 해내지 못해도 마찬가지일 거예요. 그렇지만 그 반대라면 큰 성공을 거둘 수 있어요. 위대한 발명가나 기업가들처럼 말이지요. 대표적인 예로 아이폰을 들 수 있어요. 사실 돈을 투자할 때는 그 결과가 어떻게 될지 누구도 확신할 수 없어요. 미래를 위해 어떤 결정을 내리지만 나중에 잘못된 곳에 투자했거나 전공으로 선택한 학과가 취업이 잘 되지 않아 직장을 구하지 못하는 경우도 있다는 것을 알게 되지요. 그러니까 부자가 되느냐 가난한 사람이 되느냐는 행운이나 불행과도 관련 있어요. 어떤 가정에서 태어나는가도 중요해요. 출발선이 달라지기 때문이지요. 마지막으로 국가 경제도 중요합니다. 국가 경제가

위기에 빠지면 기업에 일자리가 줄어들기 때문에 사람을 뽑지 않거나 다니던 사람도 해고될 수 있어요. 그래서 실업과 가난이 생기게 되지요. 물론 이런 국가의 위기는 일시적이고, 그렇게 생긴 빈부의 차이가 오래 가지는 않는답니다.

미하엘 휘터 교수
경제학자이자 연구소장

이 세상에는 왜 가난이 있는 건가요?

탄야, 아르나스, 메흐메트, 파트마이

▶ 대답하기 쉽지 않은 질문이네요. 왜냐하면 가난의 원인은 정말 다양하기 때문이지요. 예를 들면 많은 사람이 자기만 잘살려는 마음을 먼저 먹기 때문에 가난이 생겨요. 물론 잘살려는 마음 자체가 나쁜 것은 아니에요. 하지만 내가 사는 데 필요한 것보다 훨씬 더 많은 것을 가졌다면 다른 사람들이 부족하게 살 수밖에 없지요. 실제로 이 세상에는 모든 사람이 먹을 만큼 충분한 음식이 있답니다. 그런데 음식이 공평하게 나누어지지 않아요. 이런 일은 개인에게만 일어나지는 않아요. 나라 전체에

일어날 수도 있어요.

    가난한 나라에서는 정말 많은 사람이 집도 없고, 먹을 것도 없어요. 아이들은 학교에 갈 수 없고, 어른들은 일할 곳이 없지요. 그들의 가난은 잘사는 나라의 사람들이 사는 방식과 큰 관련이 있답니다. 우리는 값싼 옷을 좋아하는데, 그렇게 값싼 옷이 만들어질 수 있는 건 방글라데시처럼 가난한 나라 사람들이 옷을 만들기 때문이에요. 그들은 매일 많은 시간을 일하고도 정말 적은 임금을 받아요. 일이 너무 많은 부모들은 아이들을 돌볼 시간이 없어요. 심지어 아이들도 일을 해야 하는 나라들도 있지요. 그렇게 모두가 열심히 일해도 평생 가난을 벗어나지 못한답니다. 왜냐고요? 돈이 없어 학교에 가지 못하고, 배울 수가 없기 때문이에요. 그들의 인생은 평생 그렇게 돈을 많이 벌지 못하는 일만 할 수밖에 없어요. 더구나 홍수, 가뭄, 화재 같은 자연재해로 집이 불타고, 밭이 물에 잠겨 과일과 채소가 물러져 버리기도 하지요. 그런데 문제는 기후 변화로 인한 이런 무서운 자연재해가 전 세계적으로 더 자주 일어난다는 거예요. 기후 변화 역시 잘사는 나라들이 공장을 돌리고 자동차를 너무 많이 가지면서 생기는 일이지요. 가난이 존재하는 이유는 이것 말고도 더 많습니다. 그렇게 너무 복잡해서 가난을 빨리 몰아내지 못하는 거예요. 그렇지만 우리 가톨릭교회는 정말 열심히 가난과 싸우고 있답니다. 저는 이렇게 생각해요. 많이 가진 사람들이 조금 더 많이 나누면 가난이 훨씬 줄어들 것이라고 말이죠.

프란츠-요제프 오버베크 주교
가톨릭교회의 주교

이 세상에는 왜 가난이 있는 건가요?

 이 세상에 가난이 존재하는 이유는 부자들이 가난한 사람과 나눌 마음이 없기 때문이에요. 하지만 가난은 신이 주신 것이 아니에요. 그러니 가난을 숙명처럼 체념하고 받아들여서는 안 된답니다. 이슬람의 신은 모든 사람에게 공평하므로 가난과 같은 부정에도 맞서 싸우라고 말하지요. 사회 정의는 이슬람의 원칙이에요. 따라서 모든 이슬람교도는 모두가 행복한 삶을 살 수 있도록 노력해야 하지요.

카타준 아미르푸르 교수
이슬람학자

 사람들이 가난하거나 가난해지는 이유는 정말 많지요. 그렇지만 도박 같은 것으로 전 재산을 탕진한 사람이 아니라면 가난의 책임을 개인의 잘못으로 돌려서는 안 된답니다. 자신의 잘못이 아닌데 가난한 사람들은 정말 많으니까요.

잘사는 나라에도 가난은 있어요. 대부분 사회적 불평등 때문에 생기는 상대적 가난이지요. 수입이나 재산을 서로 비교하기 때문에 남보다 못 가진 사람은 가난하다고 느끼게 되지요. 남들보다 재산이 적다는 이유로, 또 남들이 다 입는 명품 옷을 입지 못했다는 이유로 부끄러워하고 자존감을 잃게 되는 거예요.

전 세계적으로 보면 상황은 훨씬 더 심각하답니다. 수억 명이 너무나 가난한 환경에서 태어나고, 그중 많은 수가 평생 그 가난의 굴레에서 벗어나지 못해요. 정치 상황이나 내전 탓에 나라 전체가 가난에 허덕이는 경우도 많아요. 우리가 너무 당연하다고 생각하며 누리는 것들을 전혀 생각지도 못하며 살지요. 유치원도 없고, 학교도 없으며, 병원도 없고, 치안을 지키는 경찰도 없습니다. 그런 상황에서는 아무리 개인의 능력이 뛰어나고, 열심히 일한다 해도 가난에서 벗어나기는 어려워요. 이는 국가가 근본적으로 변해야 해요. 또 국제기구들도 달라져야 하지요. 그래야 그들을 가난에서 구할 수 있을 거예요.

발레틴 베크
철학자

 붓다는 삶이 고통이라는 사실을 깨달았어요. 가난도 그런 고통 가운데 하나예요. 대부분의 불교 신자들은 사람이나 짐승에게 선행을 베풀고, 남을 잘 도와주며, 아낌없이 나누어주면, 잘사는 집에서 다시 태어난다고 믿지요. 반대로 옹졸하고 욕심이 많으면, 나중에 가난한 집에서 태어나 고생을 많이 한다고 믿어요.

카롤라 롤로프
불교학자

이 세상에는 왜 가난이 있는 건가요?

 많은 불교 신자가 가난은 지난 생의 업 때문이라고 생각해요. 전생에 나쁜 행동을 했기 때문이라는 거지요. 불교 신자들은 사람이 죽으면 다시 태어난다고 믿어요. 그래서 전생에 착한 일을 많이 하고 많이 베풀면 나중에 부잣집에 태어나 걱정 없이 살지만, 전생에 욕심을 부리고 나쁜 짓을 많이 하면 가난한 집에 태어나 고생을 많이 하게 된다고 믿지요.

미카엘 짐머만
불교학과 교수

대답하기 힘든 질문이에요. 가난의 원인은 참 많거든요. 예를 들어 지진 같은 큰 자연재해가 일어나면 사람들은 하루아침에 집과 재산을 몽땅 잃게 되지요. 잘못한 게 아무것도 없는데 어느 한순간에 가난해져서 고통을 겪고 불행에 빠지는 거예요. 물론 버는 돈은 적으면서 쓰는 돈은 많아서 빚을 져서 가난해지는 사람도 있어요. 하지만 우리가 살아가는 사회의 생활환경이나 경제 방식이 공존보다는 경쟁을 더 추구하기 때문에 가난해지는 경우가 더 많아요. 다들 남보다는 자기 이익만을 생각하기 때문이죠.

가난은 운명이 아니에요. 신의 뜻도 아니지요. 따라서 우리 힘으로 가난을 물리칠 수 있어요. 가난은 나쁜 것이지만 절대 신의 의지에 따라 주어진 것이 아니랍니다. 성경을 읽어보면 첫 페이지부터 마지막 페이지까지 줄곧 그렇게 말하고 있어요. 아마 유대인, 기독교인, 이슬람인 모두가 같은 생각일 거예요.

헬머-크리스토프 레만
복음주의 교회 목사

신은 왜 가난을 허락한 걸까요?

리자

신은 인간에게 자유 의지를 주셨어요. 그래서 인간이 실수를 해도 간섭하지 않는답니다. 우리 인간은 늘 실수를 하지요. 내가 볼 때는 그래서 전쟁과 기아와 환경 파괴가 생기는 것 같아요. 인간은 나무를 다 베어 버리고 온 바다를 플라스틱으로 가득 채우고 동물을 멸종시킵니다. 분명, 그런 것들이 잘못인데도 신은 그냥 내버려두십니다. 그러나 신은 온 세상 사람들이 평화롭고 행복하게 살기를 누구보다 바라시는 분이에요. 그래서 우리에게 힘들어도 목표를 이룰 수 있는 능력과 재능을 주셨지요. 이런 질문을 던지는 리자 양 같은 어린이들이 있다는 것이 얼마나 다행인지 모르겠어요. 이런 질문이 세상을 달라지게 하는 시작이 될 테니까요. 세상을 더 나은 곳으로 만들기 위해 우리 함께 시작해봐요.

프란츠-요제프 오버베크 주교
가톨릭교회의 주교

어떻게 해서 가난해지는 건가요?

유누스, 엠레, 예세

 누구나 가난해질 수 있으며, 일자리를 잃는 것이 가장 흔한 이유랍니다. 처음 얼마 동안은 실업급여를 받을 수 있지만 그 액수는 직장에서 받는 월급보다 훨씬 적어요. 집세를 내고, 음식을 사고, 교통비로 사용하고 나면 남는 게 없지요. 제일 큰 부담이 집세인데, 대도시에는 싼 집이 별로 없어요. 또 몸이 아프면 많은 돈이 필요해요. 물론 매일 열심히 일해도 돈을 조금밖에 벌지 못하는 사람도 많답니다. 그런 경우에는 재정적인 지원이 필요하지요.

슈테판 카렌바우어
힌츠&쿤츠트에서 일하는 사회복지사

왜 어떤 사람은 남들보다
돈을 더 많이 버나요?
그 사람들은 더 훌륭한 일을
하는 건가요?

로디네

▶ 우선 이 한 가지는 꼭 말하고 넘어가야겠어요. 사회에 유익한 일이라면, 모든 일이 똑같이 훌륭하답니다. 더 훌륭하고 덜 훌륭한 일은 없어요. 우리 사회에는 건축 노동자는 물론이고, 의사, 판매원, 환경미화원, 엔지니어, 교사, 예술가, 비서도 있어야 해요. 물론 그렇다고 해서 모든 일이 돈을 똑같이 받는 것은 아니에요. 남들보다 책임이 더 막중한 일은 있기 때문이에요. 예를 들어 환자의 생명을 책임지는 의사 같은 경우지요. 그들은 학자들처럼 공부를 오래 해야 그 일을 할 수 있어요. 그런 일은 그만큼 더 보상을 해주어야만 하지요. 하지만 우리 사회에서 경영자나 기업 회장이 평범한 직원들보다 천 배는 더 많은 돈을 받는 것은 너무 불공평하다고 생각해요. 그들이 그 돈으로 주식을 사고 공장을 사서 점점 더 부자가 될 테니까요. 정작 그 사람들의 공장에서 일하거나 청소하는 사람들, 패스트푸드점에서 일하는 아르바이트생, 건설 현장에서 일하는 사람들은 돈을 아주 적게 받거든요. 이런 직업은 정말 힘들고

고단하고 재미도 없고 건강에도 많은 위험을 주기 때문에 오히려 더 돈을 많이 받아야 하는데도 말이에요. 특히 남을 돕는 사람들인 간병인이나 간호사, 사회복지사들은 책임도 막중하고 일도 힘든데, 돈은 많이 받지 못해요. 이것은 잘못된 거라고 생각해요. 그런 사람들이 돈을 더 많이 벌어야 한다고 생각해요.

울라 엘프케
정치인 (좌파당 Die Linke)

왜 어떤 사람은 남들보다 돈을 더 많이 버나요?
그 사람들은 더 훌륭한 일을 하는 건가요?

 어떤 직업은 다른 직업보다 힘이 더 많이 들거나 더 큰 책임이 있답니다. 예를 들어 의사는 환자의 생명을 책임지지요. 기업의 사장은 기업을 잘 이끌어서 많은 일자리를 만들 책임이 있어요. 프로 운동선수들은 실력이 좋으면 모든 팀에서 서로 데려가길 원하기 때문에 돈을 많이 벌 수 있지요.

카차 주딩
정치인 (자유민주당 FDP)

 솔직히 나도 잘 모르겠지만, 대부분 타인의 생명을 책임질 때 돈을 많이 받는 것 같아요. 의사나 항공기 조종사처럼 말이지요. 아니면 사람들의 삶을 더 아름답게 만들어 줄 멋진 물건을 발명하면 돈을 많이 벌 수 있어요. 내가 좋아하는 음악도 그렇고, 독일에 있는 우리 가족의 얼굴을 볼 수 있게 해주는 인터넷도 마찬가지지요. 나처럼 바구니에 공을 던져 넣으면서 돈을 많이 벌 수 있다는 것은, 내가 생각해도 참 놀라운 일이에요.

디르크 노비츠키
미국에서 활동 중인 프로 농구선수

어떨 때 가난하다고 하나요?

사헬

> 국가나 사회의 도움을 받지 않으면 도저히 살 수 없는 사람들을 가난하다고 부를 수 있어요. 독일에서는 670만 명이 실업급여를 받아요. 또 다른 50만 명은 기초수급자이고요. 둘 다 매달 409유로*를 국가로부터 받는답니다.

슈페판 카렌바우어
힌츠&쿤츠트에서 일하는 사회복지사

* 2021년 1월을 기준으로 1유로를 우리나라 단위로 바꾸면 약 1,350원 정도랍니다. 그러니 409유로는 55만 원이 좀 넘는 돈이에요.

가난한 사람들은 자기가 잘못해서 가난하게 사는 건가요? 피아

나는 그렇게 생각하지 않아요. 살다 보면 누구나 가혹한 운명의 상황이 닥칠 수 있어요. 뜻하지 않게 이혼하거나 병이 들거나 직장을 잃을 수 있거든요. 중요한 것은 그런 상황을 개선하려는 개인의 노력이에요. 특히 아이들에게는 교육의 기회가 꼭 필요해요. 공부를 해서 안정된 일자리를 구하는 것이 가난에서 탈출하는 유일한 길이거든요. 게으름 피우며 늦잠 자지 말고 일찍 일어나고 열심히 노력해야 합니다.

옌스 브라게
함부르거 타펠*의 대표이사

* 아직 먹을 수 있는데 버려지는 음식물을 수거해서 필요한 사람들에게 무료로 나누어주는 공익단체예요. 독일에는 타펠이라고 이름 붙은 단체가 900곳 이상 있어요.

▶ 그렇지 않아요. 아무리 노력해도 안 되는 상황이 있거든요. 하지만 그런 상황이 닥쳤다고 해도 우리는 상황을 바꾸기 위해 노력해야 해요. 그런 순간에는 신앙공동체의 도움이 큰 힘이 되지요. 이슬람에서는 가난한 사람을 돕는 것이 중요한 계명이에요. 이슬람은 기독교와 달리 돈을 나쁘게 생각하지 않아요. 그래서 돈을 벌려고 노력해야 하고 돈을 많이 벌면 마음껏 기뻐할 수 있어요. 다만 그 돈을 가난한 이웃과 나누어야 하지요.

카타준 아미르푸르 교수
이슬람 학자

가난한 사람들은 자기가 잘못해서 가난하게 사는 건가요?

 불교 신자는 이런 질문을 아예 하지 않아요. 누군가 자신의 잘못으로 가난의 수렁에 빠졌다 해도 우리는 그 사람을 도와주어야 하지요. 그 사람에게는 지금 도움을 필요하니까요. 물에 빠져 죽게 생긴 사람을 보면 달려가 도와주어야지 물가에 서서 왜 수영하는 방법을 배우지 않았느냐고 잔소리를 해서는 안 되겠지요. 아무리 좋은 일을 많이 한 사람이라도 어느 날 갑자기 가난해질 수 있어요. 전쟁이 일어나거나 자연재해로 전 재산을 모두 잃을 수 있기 때문이에요.

카롤라 롤로프
불교학자

가난한 사람을 도와주어야만 하나요?

안나

▶ 이슬람인이라면 자선을 베풀라는 신의 계명을 지켜야 해요. 신은 가난한 사람을 도우라고 했어요. 저도 어릴 적부터 가난한 사람을 보면 그냥 지나치지 말고 꼭 도와주라고 배웠지요. 그런데 돈이 많은 산유국들이 이 계명을 지키지 않아서 많이 안타깝다고 느끼고 있어요. 그 국가들이 계명을 제대로 지킨다면 이 세상에서 가난은 사라질 수도 있을 텐데 말이지요.

카타준 아미르푸르 교수
이슬람 학자

가난한 사람을 도와주어야만 하나요?

 스스로 결정해야 한다고 생각해요. 이 질문을 한 안나 어린이는 분명 마음씨가 고와서 나와 같은 생각을 할 것이라고 믿어요. 어느 날 내가 서점에 갔어요. 서점 앞에서 거지가 앉아 구걸하고 있지요. 나는 가지고 있던 20유로짜리 지폐를 그냥 다 주지 않고 서점에 들어가 책을 한 권 산 다음, 남은 거스름돈 50센트만 거지에게 주었어요. 그러고 나서 양심의 가책을 느끼죠. 맞아요. 가난한 사람은 도와야죠. 하지만 가난한 사람을 돕는 것은 돈의 문제만은 아니에요. 내가 행동 지침으로 삼는 정신의 문제이기도 해요. 나는 이렇게 확신해요. 신 앞에 우리 모두는 거지라고 말이죠. 우리 모두는 신이 우리 손을 잡아 일으켜 세워주기를 바라죠. 언젠가 함부르크의 노숙자 신문 〈힌츠&쿤츠트〉를 판매하는 노숙자를 만난 적이 있어요. 그가 내게 이렇게 말했어요. "예전에는 땅에 앉아 구걸했습니다. 그때는 사람들이 절 아래로 내려다보았지요. 지금은 이렇게 서 있으니까 같은 눈높이에서 서로 마주볼 수 있습니다." 도움을 주는 것이 중요하지만 어떻게 도움을 주느냐도 그 못지않게 중요해요. 가난한 사람이 도움을 받은 것이 부끄럽지 않고, 소외되는 사람이 없도록 도움을 주는 것이 정말 중요하지요. 그래야만 모든 사람이 삶의 풍요로움을 누릴 수 있는 정의로운 공동체가 가능해질 수 있어요.

헬머-크리스토퍼 레만
복음주의 교회 목사

➡ 도움이 필요한 사람이 옆에 있으면 최선을 다해 돕는 게 당연해요. 선행은 베푸는 사람도, 받는 사람도 행복한 일이니까요. 가난한 사람은 직접 도움을 받아서 좋고, 부자는 선행을 통해 더 나은 미래를 얻을 수 있어 간접적인 도움을 받을 수 있어요. 여러분에게 하나 묻고 싶네요. 언제 사람은 가난할까요? 언제 부자일까요? 불치병을 앓는 돈 많은 사람이 정말 '부자'일까요?

카롤라 롤로프
불교학자

➡ 불교에서는 자선이 중요한 일이에요. 꼭 돈이 많아야 남을 도울 수 있는 것은 아니랍니다. 자선은 가진 것이 없어도 베풀 수 있어요. 자선은 선업을 쌓는 일이므로 많이 베푼 사람은 죽어 다음 생에서 큰 복을 받아요. 그렇지 않더라도 붓다는 이렇게 말씀하셨죠. 남에게 대접받고 싶은 대로 남을 대접하라. 내가 가난하다면 남들의 도움을 받고 싶을 거예요. 그래서 가난한 사람을 도와야 하는 거랍니다.

미하엘 짐머만
불교학과 교수

어떻게 해야 가난에서 벗어날 수 있을까요?

유나

가난을 미리 막는 건 힘든 일이에요. 자신의 미래가 어떨지, 자신의 아이디어나 계획이 어떤 결과를 낳을지 미리 아는 사람은 없거든요. 그래도 스스로 할 수 있는 일은 분명히 있어요. 첫째, 미리미리 대비하는 거예요. 특히 교육이야말로 가난을 예방할 수 있는 가장 좋은 방법이에요. 교육을 받으면 새로운 상황이 닥쳐도 잘 대처할 수 있으니까요. 또 미래를 위해 저축하는 습관도 좋은 방법이에요. 둘째, 가족과 사회의 협력이 필요해요. 가족 중에 누군가 어려움에 처하면 발 벗고 나서서 도와야 해요. 이런 책임은 할머니, 할아버지, 어머니, 아버지, 자녀에게 있어요. 사회는 사회보장제도를 만들어 직장을 잃거나 병에 걸리거나 나이가 들어 혼자 생활할 수 없을 때 이들을 도와야 하지요. 이 외에도 다양한 지원제도가 필요해요. 직접 생활비를 지원하거나 박물관, 도서관, 수영장 등의 입장료를 깎아줄 수도 있지요. 이 모든 제도의 목표는 가난에 빠진 사람들을 신속하게 도와주되 그들의 존엄성을 해치지 않는 것이랍니다. 사실 가난한 사람을 돕는 것은 말처럼 쉬운 일은 아니에요. 그들에게 지원하는 돈은 다른 국민들이 낸 세금이므로 함부로 쓸 수 없어요. 그래서 담당 관청에서 정말로 가난한 사람인지, 일자리를 찾을 수 있는지 조사해야 해요. 중요한 것은 도움을 줄 때는 가난한 사람들이 자력으로 다시 일어설 수 있도록 해야 한다는 거예요.
사람들이 가난해질 위험이 더 큰 곳은 시골이 아니라 도시예요. 그 주요한 이유는 도시에서는 주거비가 비싸기 때문이에요. 따라서 올바른 주거정책을 수립하여 가난한 사람들도 안심하고 살 수 있는 집을 많이 공급하는 것이 필요해요.

미하엘 휘터 교수
경제학자이자 연구소장

어떻게 해야 가난에서 벗어날 수 있을까요?

가난한 사람들을 도울 때는 그들이 가난하고 싶어서 가난한 건 아니라는 점을 잊지 말아야 해요. 모든 사람은 똑같이 따뜻한 집에서 살고 싶어 하며, 스스로 원해서 길거리에서 잠을 자는 건 아니라는 거예요. 어떤 어린이가 제게 이런 말을 한 적이 있어요. "저는 노숙자들을 보면 미소를 선물해요. 미소를 선물로 받으면 누구나 기분이 좋으니까요." 물론 돈을 기부하는 것이 가난한 사람들을 돕는 좋은 방법이에요. 길에서 구걸하는 사람에게 직접 돈을 줄 수도 있고, 가난한 사람들을 돕는 단체에 기부할 수도 있어요. 그렇게 모두가 힘껏 노력해도 가난을 완전히 뿌리 뽑는 일은 매우 힘들어요. 그래도 우리는 나눔을 배워야 해요. 내가 잘살 때 가진 것을 나누는 것을 당연하다고 생각해야 해요. 가난한 사람들은 가난하고 싶어서 가난한 게 아니에요. 가난은 혼자 벗어나기 어려운 일이랍니다.

슈테판 카렌바우어
힌츠&쿤츠트에서 일하는 사회복지사

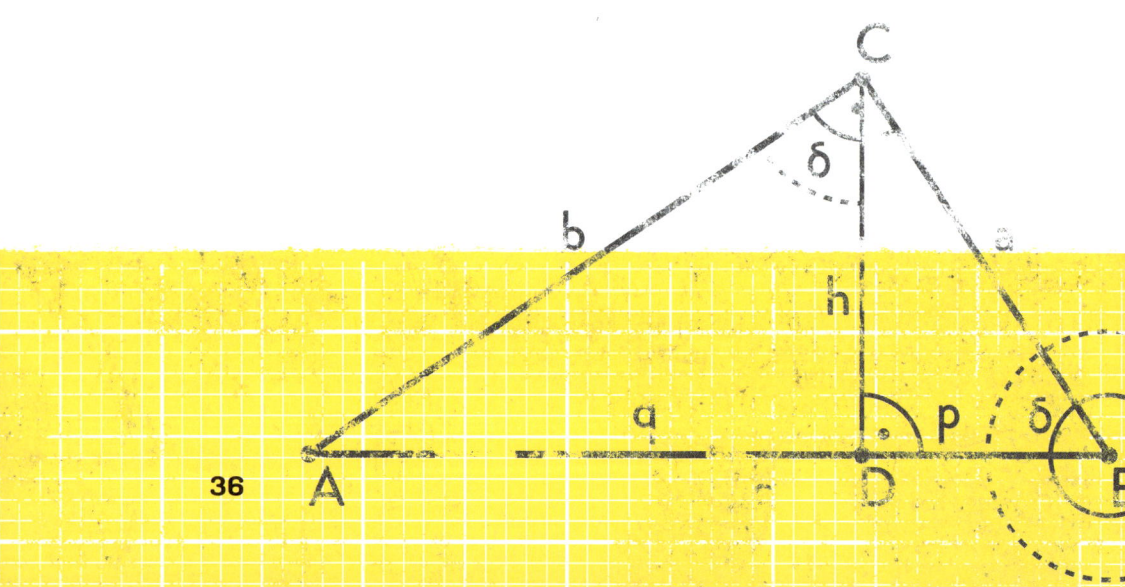

가난에서 벗어날 수 있는 가장 좋은 방법은 교육과 일자리예요. 따라서 어린이집과 초등학교는 물론이고 직업교육과 대학의 무상교육이 매우 중요하지요. 그래야 가난한 사람들도 좋은 일자리를 찾아 돈을 벌 수 있을 것이고, 가난에서 탈출할 수 있을 테니까요.

멜라니 레온하르트
정치인 (사회민주당 SPD)

모든 아이에게 최고의 교육을 시키는 거예요. 특히 가난한 가정의 아이도 부유한 가정의 아이와 똑같이 좋은 교육을 받고 대학에 들어가 공부할 수 있는 기회를 주어야 해요. 모든 아이에게 똑같은 기회를 제공하려면 어린이집과 유치원에서부터 시작해야 해요.

카차 주딩
정치인 (자유민주당)

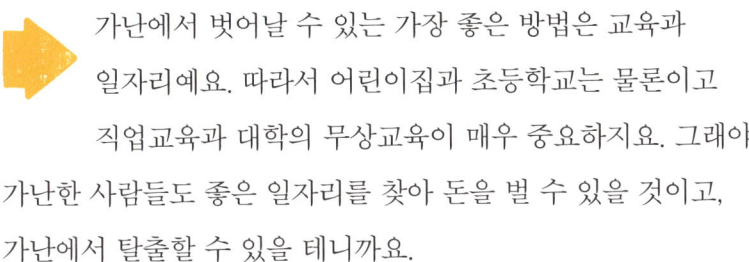

왜 부자들은 가난한 사람에게
돈을 나누어주지 않나요?

안토니

부자들이 가진 돈을 가난한 사람과 노숙자들에게 나누어준다면 그들이 조금 더 나은 삶을 살 수 있을 거예요. 실제로 부자들 중에 그렇게 자선을 베푸는 사람들도 있어요. 하지만 문제는 다른 곳에 있답니다. 진짜 문제는 우리가 자본주의라고 부르는 경제 및 사회 체제에 있어요. 자본주의는 소수의 몇 사람이 모든 은행과 공장을 소유한다는 뜻이에요. 이 사람들을 자본가라고 불러요. 이들이 다른 사람들―노동자들―을 부려먹는 것이지요. 대부분의 사람들은 먹고살 돈이 없기 때문에 일을 해야 해요. 자본주의는 자본가가 더 많은 이윤을 얻기 원하는 경계체제랍니다. 그래서 공장과 회사의 주인들은 노동자와 직원에게 임금을 줄여 최대한 싼값에 일을 시키려고 하지요. 또 집주인은 싼값에 집을 빌려주지 않고 자꾸 집세를 높이려고 해요. 그래서 유명한 독일 시인 베르톨트 브레히트는 부자와 가난한 사람의 관계를 다음과 같이 짧은 시로 표현했지요. "돈 많은 남자와 가난한 남자가 서서 서로를 쳐다본다. 가난한 남자가 창백한 얼굴로 말한다. 내가 가난하지 않았으면 당신은 부자가 되지 않았을 것이다."

울라 옐프케
정치인 (좌파당)

왜 부자들은 가난한 사람에게 돈을 나누어주지 않나요?

부자들이 이기적이기 때문이지요. 그러니까 부자들은 신의 명을 지키지 않는 것이에요. 이슬람인은 가난한 사람을 도와야 해요. 이슬람인이라면 자선세*를 납부하고, 자선을 베풀어야 할 의무가 있어요. 이슬람에는 가난한 사람들에게 고기나 다른 것을 나누어주는 일도 많아요. 이드 알아드하가 대표적이지요.** 생일처럼 개인의 기념일에도 이슬람인들은 가난한 사람과 많은 것을 나눠요. 베풀고 나누면 기쁨이 두 배가 되기 때문이에요.

카타준 아미르푸르 교수
이슬람 학자

* 이슬람 국가에만 있는 세금 제도예요. 이슬람인은 재산의 일정 부분을 나누어주어야 할 의무가 있어요.
** 이슬람교의 축제 중 하나로, 이슬람력 12월 10일에 열리는 제물을 바치는 축제예요.

돈이 많은 사람들은 그 돈을 더 늘리고 싶어 해요. 부자들 중에는 가난한 사람들이 게으르고 일하기 싫어하기 때문에 가난하다고 믿어서 자기 돈을 나누어주지 않는 경우도 있어요. 그래서 도와주는 게 소용없다고 생각하지요.

크리스토프 부터베게 교수
정치학자이자 빈곤 연구가

40

➡ 많은 사람이 이기적이고 냉정해요. 예를 들어 거지에게
돈을 줘도 그들의 상황이 달라질 게 없다고 생각해서
도움을 외면하는 사람도 있어요. 또 다른 사람은 국가가
알아서 할 일이므로 개인은 나서지 않아도 된다고 생각할 수도
있어요. 그리고 정말 부자는 아마 가난이 무엇인지 모를지도
몰라요. 가난의 고통을 겪어 본 적이 없을 테니까요.

카롤라 롤로프
불교학자

➡ 불교도들은 세상의 진짜 모습을 깨닫기가 정말 힘든
일이라고 믿어요. 탐욕과 증오와 자만이 세상을 올바르게
바라보지 못하도록 우리 눈을 가리지요. 사실 우리는 남이
아니에요. 따로따로 살아가는 별개의 존재가 아니라 인연으로
묶인 공동체랍니다. 그 진리를 깨닫지 못해서 많은 사람이 자기만
잘살면 그뿐이라고 믿지요. 그래서 남한테 무관심하답니다.

미하엘 짐머만
불교학과 교수

정치인들은 가난을 극복하기 위해 무슨 노력을 하나요? 예세

 우리에게는 좋은 학교가 필요해요. 학교를 졸업하면 아무래도 일을 배우고 직장을 구해 돈을 벌 기회도 늘어나지요. 실업자들을 위해서도 직업 재교육 기회가 많아져야 해요. 나는 빈곤 문제 해결 방법으로 가장 먼저 해야 할 일이 일자리 마련이라고 생각해요. 노력해도 여러 이유로 일자리를 구할 수 없는 사람들이 있어요. 그럴 때는 국가가 나서서 도와주어야 한답니다.

카차 주딩
정치인 (자유민주당)

정치인이 사용할 수 있는 최고의 도구는 법이에요. 법이 우리 생활은 물론이고, 권리와 의무까지 정하니까요.

독일에는 가난한 사람들을 돕는 법이 있어요. 돈을 잘 벌지 못하는 사람들은 국가로부터 주거비를 지원받을 수 있어요. 일자리를 잃어도 국가에서 지원받을 수 있지요. 또 국가는 좋은 학교와 유치원을 확보하기 위해 힘쓰지요. 그래야 아이들이 앞으로 살아가는 데 필요한 여러 지식을 배울 수 있을 테니까요. 그리고 졸업 후에는 직업교육을 받거나 대학에 들어갈 수 있어요. 정치인들은 다른 나라의 빈곤 문제에도 큰 관심을 가져요. 이를 위해 지원 프로그램을 마련하기도 해요. 아프리카에 우물을 파서 물을 공급하고, 태양광을 설치해 전기를 공급하는 프로젝트가 대표적인 프로그램이랍니다. 물론 이런 모든 노력에도 여전히 가난한 사람들은 많이 있어요. 그러니 더 힘껏 노력해야 해요.

쳄 외츠데미르
정치인 (동맹90/녹색당)

정치인들은 가난을 극복하기 위해 무슨 노력을 하나요?

 사실 정치인들이 빈곤 퇴치에 관심이 너무 없어요. 물론 정치인이라고 해서 다 같지는 않아요. 각기 서로 다른 정당에 소속되어 있고, 그 정당들은 다시 다양한 집단의 이익을 대변하지요. 예를 들어 사회주의 좌파 정당들은 가난한 사람들, 실업자, 노인, 노동자의 목소리에 귀를 기울여요. 사회 정의를 위해 노력하는 정당들이기 때문이지요. 하지만 자유주의 우파 정당들은 경제에 더 관심이 많아요. 이때 경제란 곧 부자, 기업가, 은행을 말해요. 이들이 우파 정당들에 많은 돈을 기부하거나 그 정당의 정치인들에게 보수가 높은 자리를 주어서 자신들에게 유리한 법을 만들려고 하기 때문이지요. 우리 사회의 가난은 그릇된 정치의 결과이기도 해요. 빈곤을 물리치고 싶다면 정치인들이 생각을 바꾸어 국가에 은행이나 대기업을 통제할 수 있는 권한을 주어야 해요. 그래야 은행과 대기업이 부자들의 이윤보다 인간을 위해 일하게 될 테니까요.

울라 옐프케
정치인 (좌파당)

 가난을 물리칠 방법은 여러 가지가 있지만, 무엇보다 중요한 것은 위기에 빠진 사람들을 지원하는 다양한 지원책이에요. 예를 들어 일자리를 잃은 사람들은 실업급여를 받을 수 있고, 국가에서는 사람들이 교육을 다시 받아 일자리를 구할 수 있도록 지원하고 있어요. 일을 할 수 없는 사람들도 국가에서 보조금을 받아요. 가난한 노인들도 충분하지는 않지만 노령연금을 받지요. 또 가난한 사람들이 월세를 저렴하게 내면서 오래 살 수 있는 임대주택도 공급되며, 노숙자들을 위한 쉼터도 마련되어 있지요.

멜라니 레온하르트
정치인 (사회민주당)

가난이 사라진다면 어떨까요?

안토니

아마 아주 옛날 사람들이 이 질문을 들었다면 지금의 우리와는 전혀 다른 대답을 했을 거예요. 그때는 모든 사회가 가난했으니까요. 하지만 우리에게는 가난을 퇴치하고도 남을 기술과 물질적 풍요가 있어요. 인류 역사상 지금처럼 잘살았던 시대는 없어요. 문제는 이 풍요로움을 골고루 나누지 않는다는 거예요. 가난이 사라지면 굶주리는 사람도 사라질 거예요. 독일 같은 잘사는 나라에서는 간단하게 고칠 수 있는 이질, 홍역, 말라리아 같은 전염병으로 해마다 수백만 명이 죽지도 않을 거예요. 약을 구하지 못해 생명을 잃는 사람도, 돈이 없어 공부할 수 없는 아이들도 사라지겠지요. 모든 사람이 여가시간을 즐겁게 보낼 수 있어요. 친구와 만나 대화하고, 게임을 하고, 맛있는 음식을 먹고, 산책을 하고, 자연을 즐기고, 책을 읽거나 쓰고, 음악을

들거나 연주하고, 사진을 찍고, 그림을 그리고, 춤을 추고, 영화를 볼 수 있을 거예요. 무엇보다 먹고살기 위해 아등바등 힘들게 노력해야 하는 가난한 사람들을 보며 양심의 가책을 느끼는 일도 당연히 사라질 거예요.

발렌틴 베크
철학자

모두가 가난해진다면 어떻게 될까요?

안토니

 그런 상황을 체험하려면 수천 년 전으로 되돌아가야 할 거예요. 적어도 최근의 역사에서는, 소수의 사람들이 많은 것을 가졌고, 나머지 사람들은 가난하게 사는 세상이 되었으니까요. 그래도 모두가 가난해지는 시나리오가 아예 불가능한 것은 아닐 거예요. 어쨌든 그렇게 된다면 지금 같은 물질적 불평등은 줄어들겠지만 생활수준이 전체적으로 지금보다 훨씬 낮아지기 때문에 바람직한 상태는 아닐 거예요. 남들과 비교하여 자신을 초라하다고 느끼는 사람은 없겠지만 모두가 여유로운 삶을 살 수 없게 될 거예요. 지금처럼 음식과 마실 수 있는 깨끗한 물이 안정적으로 공급되지 못할 테고, 하수도 시설, 의약품, 병원도 부족할 거예요. 작은 집에서 부대끼며 살아야 하고, 집도 튼튼하지 않아서 폭풍이나 홍수, 추위나 더위가 닥치면

너무 힘들 거예요. 학교도 다닐 수 없을 것이고, 있다고 해도 좋은 교육을 받을 수는 없을 거예요. 또 우주 탐험 같은 과학 연구 프로그램은 진행할 수 없을 것이고 박물관이나 극장, 미술관 같은 비싼 문화시설도 문을 닫아야 할 거예요. 무엇보다 사람들이 자기 살기에 바빠서 남을 돌아볼 여유가 없을 거예요. 서로를 돕거나 배려하는 마음이 사라지겠죠.

발렌틴 베크
철학자

왜 집값이 계속 오르나요?

페에르

많은 사람이 같은 장소에 살고 싶은 것이 가장 큰 이유일 거예요. 예를 들어 일자리가 많고 대학교가 많은 대도시의 경우 일자리나 학교를 찾아 사람들이 저절로 모이게 되지요. 그럼 그 사람들이 살 집을 구할 것이고, 집주인은 집을 팔거나 세를 놓을 때 가격을 높게 부를 거예요. 가격을 높게 불러도 사려는 사람이 있으니까요. 그래서 가난한 사람들도 안심하고 살 수 있는 정책이 필요해요. 집주인들이 집세를 일정 가격 이상 올리지 못하게 막는 제도가 필요하고, 값싼 주택을 많이 공급하는 정책도 필요하답니다.

쳄 외츠데미르
정치인 (동맹90/녹색당)

경제학에서 집은 특별한 경우랍니다. 다른 물건과 달리 양을 빨리 늘릴 수가 없기 때문이에요. 레고 놀이와 비슷해요. 먼저 무엇을 만들지 계획을 세우고, 그에 필요한 만큼 블록을 모아야 하지요. 블록을 충분히 모았다고 해도 막상 만들다 보면 처음 계획대로 되지 않을 때가 많아요. 실제로 집을 지을 때는 또 다른 문제들이 추가되지요. 집을 지을 때는 대부분 필요한 돈을 은행에서 빌려요. 은행 입장에서는 돈을 되돌려 받을 수 있을지 꼼꼼히 따져보기 때문에 빌려줄 때까지 시간이 오래 걸려요. 또 시청 건축과에서 건축 허가도 받아야 해요. 그래서 지금처럼 빠른 속도로 사람들이 대도시로 몰려들 경우 집을 짓는 속도가 사람들이 몰려드는 속도를 따라가지 못하게 되지요. 자동차처럼 움직일 수 있는 물건은 그냥 가져오면 되기 때문에 가격이 올라가지 않아요. 하지만 집은 가져올 수가 없어요. 더구나 집을 짓는 회사의 입장에선 집을 지어도 손해가 나지 않는다는 확신이 있어야 새집을 짓기 시작하지요. 빈집이 많아지면 회사가 망할 테니까요. 이런 여러 가지 이유로 집값이 올라가는 것이랍니다.

미하엘 휘터 교수
경제학자이자 연구소장

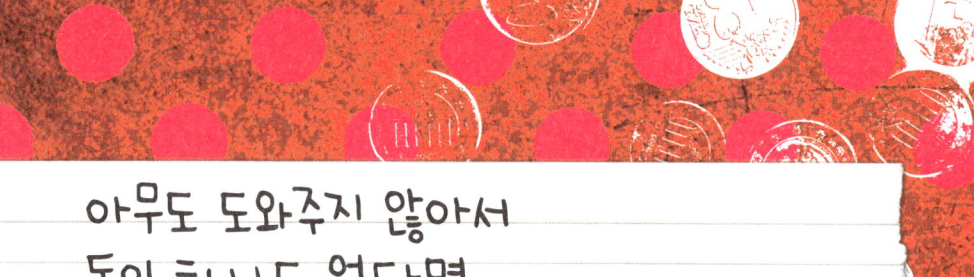

아무도 도와주지 않아서 돈이 하나도 없다면 도둑질을 해도 될까요?

안토니

▶ 하필이면 세 번이나 도둑맞은 사람한테 이런 질문을 던졌군요. 욕심 때문에 도둑질을 하는 것과 먹을 것이 없어서 남의 물건에 손을 대는 것은 다르죠. 하지만 어떤 경우라도 도둑질은 자신의 품위 없는 행동으로 인해 남의 품위까지 망가뜨리는 나쁜 짓이라는 사실을 잊지 말아야 해요. 그리고 남의 마음을 많이 아프게 하는 짓이라는 사실도 기억해야 하지요. 나도 도둑맞았을 때 마음이 많이 아팠어요. 하지만 아무것도, 아무도 절망적인 사건이 아니다는 마음으로 그 아픔을 이겨 냈지요. 다시 한번 생각해봐요. 가난한 사람들이 남의 물건을 훔치지 않아도 품위 있는 삶을 살 수 있도록 우리가 힘껏 노력해야 할 거예요.

헬머-크리스토퍼 레만
복음주의 교회 목사

안토니, 도둑질은 나쁜 짓이에요. 누가 안토니가 좋아하는 장난감을 훔쳐 가면 기분이 어떨 것 같아요? 정말 화가 나겠죠. 하지만 배가 너무 고픈데 먹을 것이 없어서 도둑질을 했다면 그 사람의 행동을 이해할 수도 있을 거예요. 안타깝게도 우리가 사는 세상은 공평하지 않아서 굶주리는 사람이 너무나 많아요. 물론 독일에 사는 사람들은 아프리카에 살거나 전쟁을 피해 도망친 난민들보다는 훨씬 잘살지요. 아무리 그래도 도둑질은 나빠요. 도둑맞은 사람이 아프거나 슬플 테니까요. 그럼 장난감이 없는 친구에게 안토니가 먼저 선물을 한다면 어떨까요? 나눔은 가난을 막는 가장 좋은 방법이에요. 특히 돈이 많은 사람이 먼저 나눔을 실천해야 해요. 소수의 사람이 너무 많은 것을 갖고, 다수의 사람이 가난하게 사는 건 공평하지 않아요. 이런 세상을 바꾸는 데 우리 모두가 함께해야 해요. 안토니도 당연히 참여할 수 있어요. 프란치스코 교황님은 늘 가난한 사람을 더 많이 도와야 한다고 말씀하시지요. 그래야 남의 물건을 훔치는 사람도 줄어들 테니까요.

프란츠-요제프 오버베크 주교
가톨릭교회의 주교

아무도 도와주지 않아서 돈이 하나도 없다면 도둑질을 해도 될까요?

남의 물건을 훔치면 안 된다고, 성경에도 적혀 있어요. 하지만 먹을 것이 없어서 남의 것에 손을 댔다면 그건 다른 문제일 거예요. 음식은 세상 모든 사람이 누려야 할 기본 권리이니까요. 다행히 독일에는 다양한 시설들이 있어서 배가 고프면 누구나 찾아가서 먹을 것을 얻을 수 있어요. 또 현재 독일 민간기구인 세계기아원조*에서는 "충분하다! 모두가 먹을 만큼!"이라는 제목의 캠페인을 진행 중이에요. 지금 지구에는 전 세계인이 먹고도 남을 만큼 충분한 식량이 생산되지만 골고루 분배가 되지 않아서 굶주리는 사람이 생긴다는 사실을 알리려는 취지예요. 우리도 앞으로는 더 조심스럽게 음식을 대해야 할 거예요.

토비아스 슐츠
제과점 브로트레터** 대표

* 인도주의적 구호 활동을 하는 독일 민간기구로 1962년에 설립되었어요.
** 노숙자 신문 〈힌츠&쿤츠트〉와 융에 제과점이 협력해 실천에 옮긴 프로젝트예요. 브로트레터 제과점은 전날 팔고 남은 빵을 모아 싼 가격에 판매하고 어려운 처지의 사람들을 고용하는 등 일석이조의 효과를 내고 있지요.

대답하기 까다로운 질문이군요. 법적으로 따지면 매우 간단해요. 도둑질은 법으로 금지된 행동이에요. 도둑질을 하면 경찰에 잡혀가 벌을 받아요. 도둑이 얼마나 절실해서 그 물건을 훔쳤는지는 중요하지 않아요. 하지만 도덕적으로 따진다면 이런 생각이 들어요. '가난에 찌든 사람이 부자나 대기업에서 돈을 훔쳐 기본 욕구를 해결했다면 그것이 과연 비난받을 행동일까?' '너무 배가 고파서 대기업 마트에서 음식을 훔친 사람을 비난해야 할까?' 그렇지만 다른 경우라면 문제가 되지요. 특히 도둑맞은 사람이 큰 고통을 당한다면 말이죠. 아무리 가난해도 똑같은 처지의 사람을 괴롭혀서는 안 돼요. 이런 여러 경우를 살펴볼 때 법과 도덕이 항상 일치하는 것은 아니에요. 이런 것들이 구호단체에 돈을 기부하고 국가기관을 혁신해 가난 때문에 법을 어기는 사람이 없도록 막는 것이 얼마나 중요한지를 보여준답니다.

발렌틴 베크
철학자

 도둑질은 안 돼요. 아무리 가난해도 인간으로서 존엄성을 잃어서는 안 되지요.

옌스 브라게
함부르거 타펠 대표이사

가난한 사람들이 더 빨리 죽나요?
만일 그렇다면 그게 괜찮을까요?

안토니

 누군가 가난해서 죽는다면 그건 절대로 괜찮지 않아요. 그런데 안타깝게도 그런 일이 드물지 않지요. 독일처럼 잘사는 나라에서도 몸이 아파도 병원을 가지 못하는 사람들이 너무나 많거든요. 가난한 사람들은 돈이 없어 몸에 좋은 음식을 먹지 못하고, 때론 외롭거나 혹은 자신의 삶을 어떻게 해야 할지 모르기 때문에 병에 걸리기 더 쉽지요. 가난해서 형편없는 집에서 제대로 먹지 못하는 아이들도 많아요. 여행을 가거나 운동을 하는 건 꿈도 꿀 수 없지요. 운동을 못 하고 건강에 좋은 음식을 먹지 못해 아이들이 병이 드는 거예요. 일자리도 없고 가족도 뿔뿔이 흩어지고 집도 없는 사람이 용기를 내는 것은 어려운 일이에요. 절망에 빠져 자기 몸을 돌보지 못하다 보니 일찍 죽는 일이 일어나지요. 그래서 가톨릭교회는 가난한 사람들을 열심히 돕고 있어요.

프란츠-요제프 오버베크 주교
가톨릭교회의 주교

가난한 집 아이들은 병에 더 많이 걸리나요?

마리

슬프지만 맞는 말이에요. 가난한 집의 아이들이 더 자주 아파요. 몸도 아프지만 마음도 아프지요. 몸이 아픈 것은 생활환경이 좋지 않기 때문이에요. 집안이 더럽고 난방이 제대로 되지 않아서 너무 춥고, 먹을 것이 없어서 제대로 먹지 못하지요. 그런데 독일 같은 부자 나라의 가난한 아이들에게 흔히 나타나는 질병은 비만이에요. 먹을 것이 없는데 왜 그럴까요? 왜냐하면 돈이 없어 값싼 음식만 먹기 때문이에요. 패스트푸드처럼 지방과 탄수화물만 잔뜩 들어 있고 단백질이나 무기질 같은 영양소는 별로 없는 그런 음식들이죠. 그래서 건강하지 않게 살이 찌는 거예요. 가난한 집 아이들은 마음도 더 많이 아파요. 그들의 부모님이 힘들기 때문이에요. 부모님이 실직해서 슬픔에 빠져 있거나 술을 마시는 모습은 지켜보는 아이의 마음도 울적하게 만들지요. 그래서 아이들도 더 많이 우울증을 앓게 되지요. 또 제대로 지원받지 못하기 때문에 학교에서 성적도 좋지 않아요. 이것도 자존감을 떨어뜨리는 이유가 될 수 있어요.

미하엘 슐테-마르크보르트 박사
아동 청소년 정신과 의사

가난한 집 아이들은 기분이 어떨까요?

탄야

▶ 집이 가난해도 부모의 사랑을 듬뿍 받고 자란다면 부잣집 아이와 똑같은 기분이에요. 제일 중요한 것은 사랑받고 존중받는다는 느낌이거든요. 하지만 가난한 아이가 다른 아이들과 자신이 가진 것을 비교하는 순간, 세상이 갑자기 달라지겠죠. 친구네 집은 크고, 좋은 옷도 많고, 장난감도 수두룩하다면 갑자기 자기 집이 초라해 보일 거예요. 보통 아이들은 유치원이나 초등학교에 들어가면서 그런 경험을 처음 하게 된답니다. 어릴 때는 형제자매와 비교하는 것처럼 다른 아이와 자신을 비교하며 차이를 깨닫게 되지요. 그럼 집으로 돌아와서 부모님께 물을 거예요. "엄마, 왜 친구는 나보다 장난감이 많은 거야?" 그럼 부모님은 어쩔 수 없이 이런 대답을 할 거예요. "우리 집에는 돈이 많지 않거든." 사랑하는 자식에게 그렇게 말할

수밖에 없는 부모님은 무척 슬플 거예요. 부모님께 그런 대답을 들은 아이들도 슬프겠죠. 그래도 사랑이 가득한 가정에서 서로를 아끼며 산다면, 자신이 가난하다는 사실을 금방 잊어버릴 거예요. 물론 그러다가 부자 친구를 또 만나면 비교가 될 테지만 말이죠.

하지만 나이가 들수록 아이들도 질투심과 더불어 살아가는 법을 배울 거예요. 그런 질투심은 정상적이고 질투를 한다고 해서 나쁜 것은 아니에요. 살다 보면 돈이 있다고 다 행복한 것은 아니라는 사실을 자연스럽게 깨우치게 될 테니까요. 그럼 그것으로 위안을 받고 다시 힘을 내서 열심히 살아갈 수 있을 거예요.

미하엘 슐테-마르크보르트 박사
아동 청소년 정신과 의사

부잣집 아이들은 만족할까요?

넬레

부자가 무엇일까요? 사람에 따라 부자의 기준은 다를 거예요. 그래도 많은 것을 누릴 수 있고 "필요한 건 전부 다 가졌어"라고 말할 수 있는 사람이라면 대부분 자기 삶에 만족할 거예요. 하지만 돈보다 중요한 것이 사랑받고 존중받는다는 느낌이랍니다. 돈이 아무리 많아도 부모님이 만날 싸우고 일에 치여 아이들에게 사랑을 주지 못한다면, 그 아이들은 행복하지 못할 거예요. 모든 걸 다 가졌다고 해도 마음은 어두울 테니까요.

미하엘 슐테-마르크보르트 박사
아동 청소년 정신과 의사

어떻게 해야 가난한 집 아이들도 공부를 할 수 있을까요?

유나

 이런 질문을 한다는 것 자체가 공부를 하려면 조건이 필요하다는 증거겠지요. 먼저, 공부를 하려면 체력이 필요해요. 잘 먹고 튼튼해야 집중할 수 있을 테니까요. 둘째, 가정환경이 좋아야 해요. 이건 부잣집이나 가난한 집이나 똑같아요. 부모님이 아이들을 사랑하고 존중해야 해요. 마음이 편안해야 공부도 잘 되는 법이니까요. 부모님이 든든하게 지켜줘야 아이들이 안심하고 공부에 전념할 수 있어요. 셋째, 공부를 하려면 책도 필요하고 노트도 필요해요. 돈이 없으면 필요한 학습 자료를 다 살 수 없지요. 또 피아노나 발레 같은 취미 활동을 할 수 없는 건 물론이고, 음악회나 미술관, 연극 공연도 자주 볼 수 없을 거예요. 그래서 가난한 집 아이들에게는 국가나 지역 사회의 지원이 필요해요. 국가와 사회가 부모의 재산에 관계없이 모든 아이가 걱정 없이 공부할 수 있는 환경을 마련해주어야 해요.

브리기트 오네조르게
고등학교 교사

호00000000응

좋은 직업을 구하려면 어떻게 해야 하죠?

케렘, 사헬

 나는 좀 특별한 경우인 것 같아요. 대학을 졸업하고 나서 처음에는 선생님이 되었어요. 선생님은 참 좋은 직업이지만 두 아이를 입양하면서 학교를 그만둘 수밖에 없었어요. 예전에는 아이를 키우면서 학교에 다닐 수가 없었거든요. 그래서 어린이 책을 쓰기 시작했죠. 내가 어린이 책 작가로 성공한 이유는 어릴 때 책을 많이 읽었기 때문이에요. 학교 수업보다 책이 더 많은 것을 알려 주었죠. 교육을 받지 않으면 좋은 직업을 구하기 힘들어요. 난 그렇게 생각해요. 물론 교육이 꼭 학교에서만 이루어지는 것은 아니지만요.

키르스텐 보이에
작가

어릴 때부터 정말 하고 싶었던 일에 집중했어요. 난 그게 음악이었어요. 열심히 노력하기도 했지만 운도 좋았어요. 덕분에 취미를 직업으로 삼을 수 있게 되었죠. 나는 노래를 만들고 부르고, 다른 가수들을 위해 제작도 하는 음악가랍니다.

새미 디럭스
음악가

 나는 운이 좋아서 취미를 직업으로 삼을 수 있었어요. 예전부터 농구를 정말 좋아했거든요. 그러니까 직업을 고를 때는 내가 얼마나 좋아하느냐를 기준으로 삼아야 해요.

디르크 노비츠키
미국에서 활동 중인 프로 농구선수

 재미와 열정을 따랐어요. 물론 운도 좋았죠. 덕분에 의미와 기쁨을 동시에 주는 직업을 갖게 되었어요. 여러분에게도 권하고 싶어요. 재미있고 의미 있는 일을 찾아보라고 말이죠.

벤야민 아드리온
비바 콘 아구아* 창립자

* 전 세계인이 깨끗한 물을 마실 수 있도록 노력하는 공익단체예요. 기부금 모금, 생수 판매, 낭독회, 파티 등 다양한 행사를 통해 필요한 돈을 모으고 있어요.

 취미를 직업으로 만들기 위해 정말 열심히 노력했어요. 성공하려면 무엇보다 부지런하고 성실해야 해요. 또 힘들어도 꾹 참고 열심히 노력해야 하지요.

앤서니 캔티
농구선수 (함부르크 타워스 소속)

언제부터 부자였나요?
또 어떻게 해서
부자가 되었나요?   카를

 우연이었죠. 여자친구가 의대 공부를 마치고 보험 관련 문제를 도와달라고 부탁했어요. 내가 경제학을 전공했으니까 이런 저런 조언을 구했던 거예요. 하다 보니 재미있어서 다른 친구 몇 명에게도 조언을 해주었죠. 그렇게 시작한 것이 호르바흐 경제자문 회사였어요. 그리고 20년 후에 그 회사를 팔았어요. 나는 운도 좋았지만, 성공의 진짜 비결은 내가 하는 일이 정말 즐겁고 재미있었기 때문이라고 생각해요.

미하엘 호르바르
재단* 이사장, 전직 기업가

* 공익에 투자하는 재산을 관리하는 공익단체예요. 개인이 재산을 기부하여 만든 개인 재단이 있고, 지방정부, 협회, 기관이 관리하는 공재단이 있어요.

부모님은 제2차 세계대전이 끝난 후 빈손으로 독일로 왔어요. 당연히 우리집에는 자동차도 없었고, 여행을 갈 돈도 없었지요. 형제가 6명이나 되어서 17살부터 그래픽 회사에 취직해서 돈을 벌었어요. 그러다가 그 회사에 소속된 출판사로 옮겨서 이런저런 일을 했어요. 회사 문을 닫은 후, 1983년 동료들과 힘을 합해 출판사를 차렸어요. 그 출판사가 큰 성공을 거두어서 20년 넘게 어마어마한 수익을 냈고, 덕분에 큰돈을 벌게 되었답니다.

나는 내가 가난하다, 부자다, 그런 생각을 한 적이 없어요. 평생 쓰는 돈보다 더 많은 돈을 가지고 있었거든요. 어릴 때부터 감자밭이나 담배밭에서 일하거나 신문 배달을 해서 많은 용돈을 벌었어요. 지금은 평생 써도 남을 만큼 돈이 많지만 어쩌면 그때 땀 흘려 벌었던 그 푼돈이 더 큰 기쁨을 주었던 것 같아요.

베르너 헤롤트
출판사 공동 창업자

언제부터 부자였나요? 또 어떻게 해서 부자가 되었나요?

 나는 일을 일찍 시작했어요. 13살 때 운 좋게 라디오 방송국 드라마에 성우로 출연을 했거든요. 그때 참 많은 것을 배웠어요. 무엇보다 내가 좋아하는 일을 꾸준히 하려면 정말 열심히 해야 한다는 것을 배웠죠. 또 낯을 많이 가리는 성격이었는데, 일을 하면서 많이 좋아졌어요. 실수할까 봐 마음이 조마조마했지만 그런 두려움도 극복할 수 있었고요. 수줍음이 많았지만 정말로 그 일이 좋았기 때문에 절대 놓치고 싶지 않아서 열심히 했어요. 돈을 버는 것이 좋았지만 그것 때문만은 아니었어요. 그래도 용돈이 늘어서 좋았고, 돈을 모았다가 엄마 생신 때 콘서트 표를 선물해 드리기도 했어요.

옌스 바브르체크
배우, 성우

어릴 때부터 부자였나요?

페에르

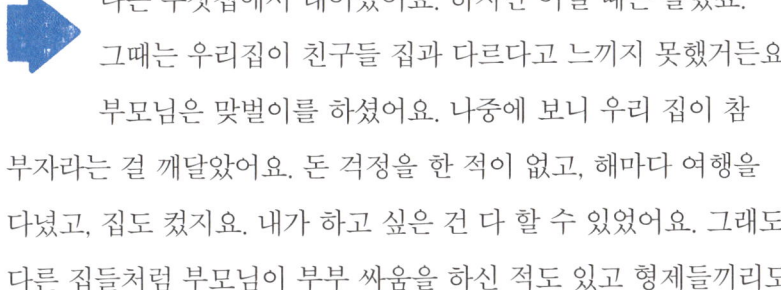

나는 부잣집에서 태어났어요. 하지만 어릴 때는 몰랐죠. 그때는 우리집이 친구들 집과 다르다고 느끼지 못했거든요. 부모님은 맞벌이를 하셨어요. 나중에 보니 우리 집이 참 부자라는 걸 깨달았어요. 돈 걱정을 한 적이 없고, 해마다 여행을 다녔고, 집도 컸지요. 내가 하고 싶은 건 다 할 수 있었어요. 그래도 다른 집들처럼 부모님이 부부 싸움을 하신 적도 있고 형제들끼리도 많이 싸웠어요. 또 아프기도 하고 불행하다거나 외롭다고 느낀 적도 많아요. 그건 돈이 많아도 다를 게 없거든요.

게르스틴 R.
인권 단체 활동가

돈이 많으면 기분이 어떨까요?

알마, 취레

> 나는 돈이 없어서 못 하는 일이 없다는 게 제일 좋았어요. 지금까지 먹고 싶은 것을 못 먹거나 입고 싶은 옷을 못 산 적이 없었어요. 또 여행도 많이 다녔고, 넓은 내 방에, 배우고 싶은 것도 다 배울 수 있었지요.

펠릭스 M.
대학생

> 갖고 싶은 물건을 가질 수 있고, 돈 걱정을 하지 않아도 되니까 사는 게 훨씬 쉽겠죠.

노아 P.
고등학교 3학년

어린이 책을 쓰는 작가들은 대부분 돈을 많이 벌지 못해요. 왜냐하면 서점에서 책을 사고 내는 돈 중에서 작가에게 돌아오는 돈은 아주 적기 때문이에요. 사실 그건 당연한 일이에요. 그 돈에서 서점 주인이 조금 가져가고, 인쇄소나 제본소에서도 가져가고 출판사와 그림을 그리는 일러스트 작가도 가져가야 하고, 책을 서점까지 배달해주는 기사님······. 작가가 그림책을 팔아서 먹고살려면 얼마나 책을 많이 팔아야 할지 충분히 상상이 가나요? 더구나 서점에 가보면 그림책은 정말 많아요. 그러니까 누군가 내 책을 사준다는 것은 정말 행운이죠. 그래서 작가들은 돈을 많이 벌지 못하고, 가난한 작가들이 많지요. 그렇게 본다면 나는 정말 운이 좋은 사람이에요. 30년 넘게 100권이 넘는 책을 썼으니, 당연히 한 권만 쓴 작가보다는 훨씬 많은 책을 팔 수 있지요. 그래서 어쨌든 지금 이 순간(해마다 수입이 조금씩 달라지지만)에는 필요한 돈보다 더 많은 돈을 벌고 있어요. 정말 기분이 좋아요.

키르스텐 보이에
작가

돈이 많으면 기분이 어떨까요?

어릴 적부터 누구한테도 기대지 않고 혼자 힘으로 살겠다는 생각이 컸어요. 덕분에 부자가 되었죠. 수입이 늘어나면 저축도 늘렸어요. 40살에는 대출을 받지 않고 내 집을 마련했지요. 지금은 가지고 싶은 것은 다 살 수 있지만 굳이 많은 것이 필요하다고 생각하지는 않아요. 물건을 산다고 더 행복해지는 것은 아니니까요. 나는 비싼 명품 옷 같은 건 사지 않아요. 의미가 없거든요. 다만 돈이 있어서 남에게 기대지 않아도 되는 것은 정말 좋은 것 같아요.

베르너 헤롤트
출판사 공동 창업자

지금 먹고살 만큼 충분히 벌고 있어요. 또 친구 몇 명에게 일을 주어서 같이 돈을 벌 수 있어서 더 좋은 것 같아요.

새미 디럭스
음악가

▶ 돈 걱정을 안 해도 되는 건 정말 좋아요. 돈이 있으면 하고 싶은 일을 마음대로 할 수 있으니까요. 하지만 돈이 인생의 목표는 아니에요. 진짜 부자는 돈이 많은 사람이 아니라 가족, 친구, 건강처럼 정말로 소중한 것을 가진 사람이니까요.

디르크 노비츠키
미국에서 활동 중인 프로 농구선수

가난하면 어떨지 상상이 되나요?

비첼린

 어떤 일이 일어날지 상상할 수 있어요. 나는 가난하게 살았거든요. 정말 오랫동안 가난한 삶을 살았어요. 하지만 나는 내가 선택한 가난이었어요. 내가 원해서 가난한 생활을 한 것이기 때문에, 아프면 병원에 갈 수 있고 새 바지를 사고 싶으면 그럴 수 있었지요. 그러니까 사실 진짜로 가난해지면 어떤 일이 일어날지는 알 수 없어요.

케르스틴 R.
인권단체 활동가

 솔직히 말하면 상상할 수 없어요. 필요한 물건을 살 수 없다면 어떨지 도저히 상상하기 힘들어요.

노아 P.
고등학교 3학년

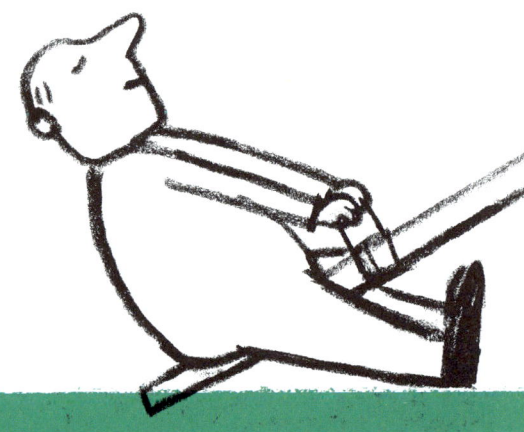

 가난한 사람들이 많고, 그들이 어떻게 사는지 이야기를 많이 들었지만 내가 그런 상황이 되면 어떨지는 상상이 잘 안 돼요. 정말 가난해진다면 아마 최선을 다해 안정적인 일자리를 구하려고 노력할 것 같아요.

펠릭스 M.
대학생

가난해진다면 어떻게 할 것 같나요?

아우로라

자기가 번 돈으로 잘 먹고 잘살던 사람이 갑자기 가난해졌을 때 어떤 일이 일어날지 상상할 수 있을까요? 그 상황이 되어보지 않고서는 확실히 말할 수 없을 거예요. 그래서 저는 그런 상황이 발생하지 않도록 미리미리 예방을 하는 것이 중요하다고 생각해요. 첫째, 저축해야 해요. 둘째, 소비를 하기 위해 빚을 내는 짓은 절대로 안 되며, 집을 사기 위해 대출을 받을 때에도 갚을 수 있는 한도를 넘어서면 절대로 안 돼요. 그렇게 노력한다면 남에게 기대지 않고 혼자 힘으로 살 수 있을 것이고, 어느 정도 돈이 모이면 새 출발을 할 수도 있을 거예요. 솔직히 가난하게 사는 내 모습은 상상이 잘 안 돼요. 설사 가난해진다고 해도 나는 독립과 자유를 잃지 않도록 최선을 다할 거예요. 마음먹은 대로 잘 될지는 모르지만 어쨌든 난 낙관적이에요. 그럴 수 있다고 생각해요.

미하엘 휘터 박사
경제학자이자 연구소장

 어려운 질문이네요. 나 같으면 일자리를 찾으려고 노력할 거예요. 일자리가 있어야 기본적인 걸 해결할 수 있을 테니까요.

토비아스 슐츠
제과점 브로트레터 대표

가난해진다면 어떻게 할 것 같나요?

나는 가난한 집에서 태어났어요. 어릴 때는 우리 집에 돈이 없었어요. (전쟁이 끝난 직후였어요. 제2차 세계대전에 대해선 많이 들어봤을 거예요.) 전화나 냉장고, 텔레비전, 세탁기도 없었죠. (컴퓨터나 휴대전화는 아직 나오지도 않았을 때였어요.) 옷을 한 벌 사면, 제일 큰 사촌 언니 모니카가 먼저 입고 그걸 울리케 언니가 물려받아 입고, 다음은 카트린 언니가 물려받아 입고 난 뒤에 그걸 다시 내가 물려 입었어요. 과자는 한 달에 한 번 아빠가 월급을 타는 날만 먹을 수 있었지요. 요즘 아이들이 보면 정말 가난했구나 생각할 거예요. 하지만 나는 한 번도 우리 집이 가난하다고 느낀 적이 없었어요. 그냥 평범하다고 생각했어요. 나는 한 번도 내가 불행하다고 느낀 적이 없어요. 늘 신나게 뛰어놀았고 책도 정말 많이 읽었거든요. 책을 읽으면 내가 경험하지 못한 일도 진짜처럼 상상할 수 있었어요.

그러다가 대학에 갔는데, 그때도 돈이 정말 없어서 아르바이트를 해서 생활했죠. 아주 작은 방에서 살았고, 전화기, 냉장고, 텔레비전, 세탁기가 여전히 없었어요. (이때까지도 컴퓨터나 휴대전화는 나오지 않았답니다.) 그래도 나는 행복했어요. 친구도 많았고 공부도 정말 재미있었거든요. 그래서 지금 다시 가난해진다고 해도 먹을 것이 있고, 따뜻한 집이 있고, 친구와 책만 있다면 어떻게든 잘살 수 있을 거예요.

물론 가난한 사람들이 많은데, 몇 안 되는 사람들이 놀랄 정도로 많은 돈을 갖고 있는 지금의 현실이 나는 매우 부당하다고 생각해요. 또 모든 사람이 원하면 여행을 갈 수 있고, 세탁기가 망가져도 걱정 없이 새로 살 수 있을 만큼은 돈이 있어야 한다고 생각해요. 하지만 돈이 많아야 꼭 행복한 것은 아니라고 믿어요. 돈이 엄청 많아도 행복하지 못한 사람들이 있고, 돈이 그렇게 많지 않아도 행복한 사람들이 있으니까요. 아, 물론 충분할 정도는 있어야 해요. 이건 아주 중요해요! 얼마나 돈이 많은지가 중요한 게 아니라 어떻게 사는지가 중요해요. 비싼 명품 옷과 외제 차와 목걸이가 없어도 행복할 수는 있어요. 배고프지 않고 바깥에서 잠을 자지 않을 만큼의 돈은 있어야겠지만, 그 이상으로 너무 많은 돈이 필요하지는 않아요. 나는 앞으로도 밥을 굶지 않고, 따뜻한 집에서 잘 수 있을 정도의 돈은 벌 수 있었으면 좋겠어요. 하지만 그보다 더 가난해진다고 해도 역시 잘살 수 있으리라 믿어요.

키르스텐 보이에
작가

가난해진다면 어떻게 할 것 같나요?

 내 아버지는 공사장 인부였어요. 가난한 집에서 자랐기 때문에 나는 돈이 없어도 잘살 거예요. 어차피 비싼 옷이나 차 같은 것을 탐내본 적이 없기 때문에 가난해지더라도 잘살 수 있어요. 지금도 환경을 생각해서 차 대신 자전거를 타고 다녀요. 그 편이 건강에도 더 좋거든요.

미하엘 호르바흐
재단 이사장, 전직 기업가

 지금과 똑같이 살 거예요. 음악을 열심히 하겠죠. 그것이 내 열정이니까요. 가난해지면 거리에서 노래를 부를지도 모르겠네요. 차도 팔아야 할 테고요.

새미 디럭스
음악가

지금 이 만큼 잘 먹고 살 수 있다는 게 너무 감사해요. 부모님은 네 명의 아이를 키우기 위해 정말 열심히 일해야 했거든요. 그래서 어릴 적부터 우리 형제들은 매우 검소한 생활을 했어요. 덕분에 만일 갑자기 형편이 어려워져서 지금 누리는 많은 것을 포기해야 해도 아마 큰 어려움 없이 잘살 수 있을 거예요. 하지만 친구는 포기 못 해요. 갑자기 가난해지면 어떻게 할지, 지금은 확실하게 말할 수 없어요. 그래도 분명 다시 일어설 수 있는 아이디어가 떠오를 거예요. 지금껏 늘 상상력이 해결의 문을 열어주었으니까요. 친구들도 도움을 줄 것이라고 기대해요. 어떤 상황에서도 절대 포기하지 말고 정신을 바짝 차려야 해요. 그게 중요해요.

옌스 바브르체크
배우, 성우

가난한 사람을 보면 동정심이 생기나요?

율리, 말라이카, 타리크

 가난한 사람들이나 어려운 일을 당한 사람들을 보면 마음이 아프지만 정말 중요한 것은 그들을 같은 눈높이에서 대하는 거예요. 구걸하는 거지의 깡통에 돈을 넣어주고, 크리스마스에 자선단체에 기부하는 것도 좋은 일이지만 거기서 멈추어서는 안 돼요. 나는 노숙자를 보면 다가가서 먼저 말을 붙여요. 어쩌다 이런 상황까지 오게 되었는지 묻고 생필품이나 잠자리, 법률 자문을 받을 수 있는 곳을 알려 주지요. 마음에서 우러난 관심이 돈보다 더 가치 있다고 생각해요.

플로리안 괴셀레
푸드쉐어링* 활동가

* 팔고 남은 음식을 모아서 필요한 사람들에게 무료로 나누어주는 제도예요.

가난한 사람들을 보면 그 상황을 충분히 이해할 수 있어요. 어린 시절에 나도 정말 가난했거든요. 하지만 그때는 전쟁이 끝난 직후라 모두가 가난했기 때문에 힘든 줄 몰랐어요. 요즘 같은 풍요로운 시대에는 가난이 더 혹독하게 느껴지지요. 어느 쪽으로 고개를 돌려도 온통 돈을 펑펑 쓰면서 하고 싶은 대로 다 하는 사람들이 넘쳐나니까요. 나는 가난한 사람들의 마음에 공감해요. 우리 '함부르거 타펠'은 아직 먹을 수 있는데 유통기한 때문에 버려야 하는 음식들을 모아서 어려운 사람들에게 무료로 가져다줍니다. 그럼 식재료 값을 줄일 수 있을 테니 남은 돈으로 먹고 싶은 아이스크림을 사 먹거나 극장에 갈 수 있겠지요.

엔스 브라게
함부르거 타펠 대표이사

가난한 사람을 보면
어떤 생각이 드나요?

율리

 어려운 질문이네요. 누가 가난하고 누가 그렇지 않은지는 언뜻 봐서는 알기 힘들어요. 돈은 많아도 친구나 가족이 없어서 마음이 가난한 사람들도 많고, 반대로 돈은 없어도 친구나 가족에게 둘러싸여 행복한 사람도 있거든요.

벤야민 아드리온
비바 콘 아구아 창립자

 가난한 사람들을 보면 어쩌다 저렇게 되었을까 혼자 생각하죠. 자기 잘못일까? 아니면 누구 탓일까?

펠릭스 M.
대학생

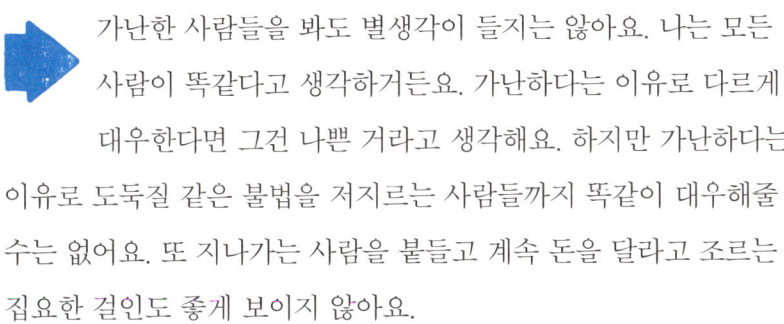
가난한 사람들을 봐도 별생각이 들지는 않아요. 나는 모든 사람이 똑같다고 생각하거든요. 가난하다는 이유로 다르게 대우한다면 그건 나쁜 거라고 생각해요. 하지만 가난하다는 이유로 도둑질 같은 불법을 저지르는 사람들까지 똑같이 대우해줄 수는 없어요. 또 지나가는 사람을 붙들고 계속 돈을 달라고 조르는 집요한 걸인도 좋게 보이지 않아요.

노아 P.
고등학교 3학년

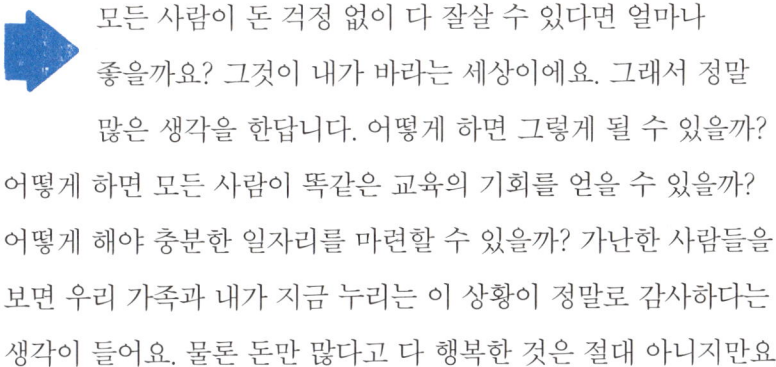
모든 사람이 돈 걱정 없이 다 잘살 수 있다면 얼마나 좋을까요? 그것이 내가 바라는 세상이에요. 그래서 정말 많은 생각을 한답니다. 어떻게 하면 그렇게 될 수 있을까? 어떻게 하면 모든 사람이 똑같은 교육의 기회를 얻을 수 있을까? 어떻게 해야 충분한 일자리를 마련할 수 있을까? 가난한 사람들을 보면 우리 가족과 내가 지금 누리는 이 상황이 정말로 감사하다는 생각이 들어요. 물론 돈만 많다고 다 행복한 것은 절대 아니지만요.

카차 주딩
정치가 (자유민주당)

 불쌍해서 도와주려고 노력해요.

앤서니 캔티
농구선수 (함부르크 타워스 소속)

가난해서 굶주리는 사람들이 많은데 독일에서 생산되는 식품의 4분의 1 이상은 버려지고 있어요. 푸드쉐어링은 이런 음식물 낭비를 막으려고 생긴 단체예요. 먹어도 되는데 버려지는 음식물을 모아 필요한 사람에게 나누어주지요. 참여하고 싶은 사람은 누구나 함께할 수 있답니다.

플로리안 괴셀레
푸드셰어링 활동가

 비바 콘 아구아는 가난한 나라에 우물 파기, 화장실 설치를 후원하는 단체예요. 그곳 사람들에게 깨끗한 물과 화장실을 선물하는 것이지요. 물론 비바 콘 아구아 혼자만 열심히 한다고 해서 사업이 성공할 수는 없어요. 그곳 사람들이 프로젝트에 책임을 지고 스스로 일어서려 노력한 덕분이지요. 사실 우리는 그런 그들을 도와주며 지지하는 게 가장 바람직한 길이기도 하고요.

벤야민 아드리온
비바 콘 아구아 창립자

 도움을 주려고 노력해요. 음식과 옷으로 도와줄 수 있지요. 저도 옷을 몇 번 기부한 적이 있어요.

로버트 퍼거슨
농구선수 (함부르크 타워스 소속)

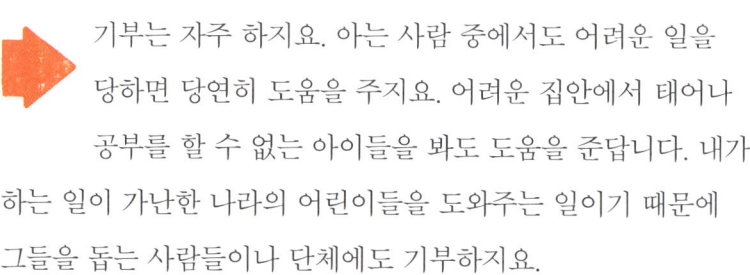

기부를 한 적이 있나요?
있다면 누구에게 하나요?

체라

▶ 기부는 자주 하지요. 아는 사람 중에서도 어려운 일을 당하면 당연히 도움을 주지요. 어려운 집안에서 태어나 공부를 할 수 없는 아이들을 봐도 도움을 준답니다. 내가 하는 일이 가난한 나라의 어린이들을 도와주는 일이기 때문에 그들을 돕는 사람들이나 단체에도 기부하지요.

케르스틴 R.
인권단체 활동가

기업을 운영할 때도 해마다 이윤의 10%는 기부를 했어요. 회사를 팔고 나서는 카를하린츠 뵘이 세운 재단인 '인간을 위한 인간'에 100만 마르크*를 기부했어요. 그 재단이 에티오피아에서 구호사업을 할 때는 뵘과 함께 직접 찾아가기도 했어요. 그 이후 뵘과는 그가 세상을 떠나는 날까지 친구처럼 지냈어요. 나는 내 이름을 딴 미하엘 호르바흐 재단을 설립해서 어려움에 처한 사람들과 예술가들을 지원하고 있어요. 지난 몇 년 동안은 아프가니스탄 여성협회를 통해 아프가니스탄에 10곳의 우물을 지원했고, 그린피스, 국제앰네스티, 옥스팜, 국제금융관세연대 등도 후원하고 있지요. '나눔'은 마법의 주문과도 같아요. 자신만 생각하는 부자는 돈이 아무리 많아도 가난한 사람이에요. 비싼 차, 큰 집, 명품 옷이 행복을 주지 않는다는 사실을 모르는 사람이니까요. 진정한 행복은 남들에게 기쁨을 주고 인간다운 삶을 살 수 있도록 도와줄 때만 찾아오는 것이랍니다.

미하엘 호르바흐
재단 이사장, 전직 기업가

* 마르크는 독일에서 사용하던 화폐 단위에요. 지금은 독일을 포함해 유럽 대부분의 나라가 '유로'라는 하나의 화폐 단위를 쓰고 있지요. 1마르크가 대략 700원 정도였으니, 100만 마르크면 지금 우리 돈으로 7억 정도 되는 돈이에요.

기부를 한 적이 있나요? 있다면 누구에게 하나요?

 미국 댈러스와 독일 뷔르츠부르크에 각기 재단을 하나씩 설립했어요. 사회 일원으로서 책임을 다하고 싶었기 때문이지요. 어린아이들과 청소년들을 지원하고 싶고, 특히 어려운 상황을 딛고 열심히 사는 아이들에게 힘이 되어주고 싶어요. 팀 스포츠가 큰 도움이 될 수 있을 거예요.

디르크 노비츠키
미국에서 활동 중인 프로 농구선수

 디럭스키즈 협회를 설립해서 아이들과 청소년들의 여가 활동을 돕고 있어요. 우리 협회에 오면 노래, 춤, 랩, 그래픽을 배울 수 있어요.

새미 디럭스
음악가

당연히 기부하죠. 적지만 자선단체에 돈을 기부하고 있어요. 친구들한테 밥을 사주기도 하지요. 지금은 돈이 많지 않아 많이 나누지는 못하지만 나중에 제 힘으로 돈을 벌면 더 많이 나눌 거예요.

노아 P.
고등학교 3학년

당연하죠. 나눔을 실천하면 기쁨은 배가 되니까요. 자선단체에 기부하고 있어요. 친구들이나 지인들도 어려움에 처하면 기꺼이 도움을 주지요. 너무 당연하지 않나요?

옌스 바브르체크
배우, 성우

 우리 가족은 매달 조금씩 가난한 나라의 아이들에게 돈을 기부하고 있어요. 저도 개인적으로 도움을 주고 싶지만 아직 돈을 버는 처지가 아니라서 그러지는 못하고 있어요. 그래도 나눔을 꼭 돈으로만 할 수 있다고는 생각하지 않아요. 마음을 나눌 수도 있고, 봉사활동을 통해서도 할 수 있으니까요.

펠릭스 M.
고등학교 3학년

절대로 도와주고 싶지 않은 사람이 있나요?
왜 그럴까요?

바란

▶ 혼자 힘으로 일어설 수 있는 사람에게는 아무것도 주지 않을 거예요. 스스로 노력하지 않으면 옆에서 아무리 도와도 소용이 없거든요. 특히 몸이 건강하고 젊은 사람이라면 스스로 자신의 삶을 바꿀 기회는 있다고 생각해요.

벤야민 아드리온
비바 콘 아구아 창립자

 내가 지원해줄 경우 상대가 그 돈으로 무엇을 할 것인지 꼼꼼히 따져 봐야 할 것 같아요. 마약을 사거나 무기를 사겠다는 사람에게 돈을 줄 수는 없으니까요.

토비아스 슐츠
제과점 브로트레터 대표

신발을 몇 켤레나 가지고 있나요?

다니엘

 여덟 켤레네요. 겨울 신발 두 켤레, 운동화 두 켤레, 산책용 두 켤레, 정장 구두 두 켤레.

옌스 바브르체크
배우, 성우

 다 함해 아홉 켤레가 있어요. 축구화와 운동화까지 포함해서요.

펠릭스 M.
고등학교 3학년

 일곱 켤레예요. 운동화 두 켤레에 실내화도 몇 켤레 되네요.

미하엘 호르바흐
재단 이사장, 전직 기업가

생각해보니 신발이 정말 많네요. 스니커즈와 농구화가 대부분이지만 정장에 맞춰 신을 멋진 구두도 몇 켤레나 되네요. 신발장이 넘쳐서 드레스 룸 한쪽까지 신발이 차지하고 있어요. 발이 커서 더 공간을 많이 차지하는 것 같아요.

디르크 노비츠키
미국에서 활동 중인 프로 농구선수

 운동화 두 켤레, 편하게 신는 신발 몇 켤레 그리고 구두와 축구화까지 제법 많아요.

노아 P.
고등학교 3학년

 지금 신고 있는 신발이 전부예요.

디터
노숙자 신문 판매인

 두 켤레예요.

바클라프
노숙자

 두 켤레.

클라이드
노숙자 신문 판매인

어쩌다 가난해졌나요?

압둘

어쩌다 가난해졌나요?

 나는 폴란드 사람이에요. 남편은 알코올중독이었죠. 그 사람은 이미 죽었어요. 아이 셋을 데리고 부모님 댁에서 살았어요. 건물 청소회사를 운영했는데, 회사가 망했죠. 먹고살 길이 막막해서 아이들을 데리고 독일로 건너왔어요. 아이들은 이곳에서 학교를 다녔지요. 그런데 그만 내가 병에 걸렸어요. 척추에 염증이 생겨서 한참 일을 하지 못했어요. 그때는 정말 힘들었어요. 그 후로는 일자리센터와 문제가 생겨서 곤욕을 치렀지요. '어쩌지? 어쩌지? 아이들 데리고 살아야 하는데……' 머릿속에는 오직 그 생각밖에 없었어요. 그러다 아는 분이 힌츠& 쿤츠트를 소개해주었지요. 지금은 모든 게 나아졌어요.

엘즈비에타
노숙자 신문 판매인

나는 체코 사람이고, 예전에는 오스트리아에서 일했어요. 아내는 이미 세상을 떠났죠. 술을 마시기는 하지만 많이 마시지는 않아요. 아이는 둘이에요. 아내가 죽고 나서 집을 팔 수밖에 없었어요. 5년 동안 120톤 트럭을 운전했지요. 잠은 트럭에서 잤어요. 그러다가 사고를 당했는데, 3층에서 떨어져서 머리가 깨지고 다리가 부러졌어요. 1년 6개월 동안 깁스를 해야 했어요. 그 후로는 일을 할 수가 없었지요.

바클라프
노숙자

 평생 가난했어요. 엄마는 정말 가난했는데, 남편도 없이 청소부로 일하면서 아이를 6명이나 키웠죠. 그래도 우리한테 정말 잘해주셨어요.

디터
노숙자 신문 판매인

 부모의 이혼, 고아원, 소년원. 뻔한 이야기죠.

미하엘
노숙자 신문 판매인

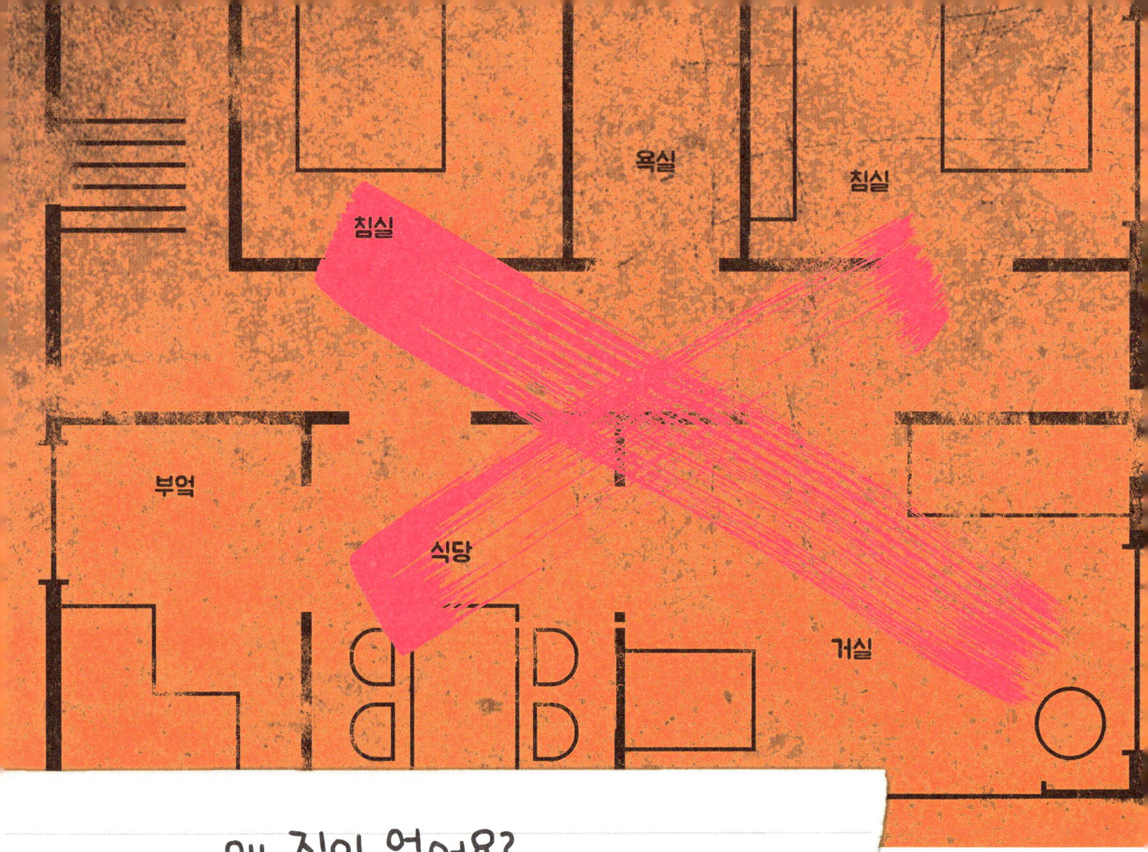

왜 집이 없어요?

메흐메트

5년 전에 전 재산을 잃었어요. 강아지를 키운다는 이유로 살던 집에서도 쫓겨났지요. 그래서 함부르크로 와서 노숙을 하고 있어요. 난 알코올중독자예요. 주유소에서 잠시 일한 적이 있지만, 그 후로는 여태 일자리를 구하지 못했어요. 함부르크는 월세가 너무 비싸서 집을 구할 수가 없어요. 집이 있으면 정말 좋겠어요.

클라이드
노숙자 신문 판매인

노숙을 한 지 몇 년이나 되었나요?

주뎀

 4년 전에 몸이 크게 아팠어요. 학교 청소일을 했는데, 아파서 일을 못 하게 되었죠. 노령연금이 나올 때를 기다리고 있어요. 그때까지 노숙자 신문을 팔면서 살 거예요.

소니
노숙자 신문 판매인

 2012년 4월 1일에 병에 걸렸어요. 46살 때죠.

엘즈비에타
노숙자 신문 판매인

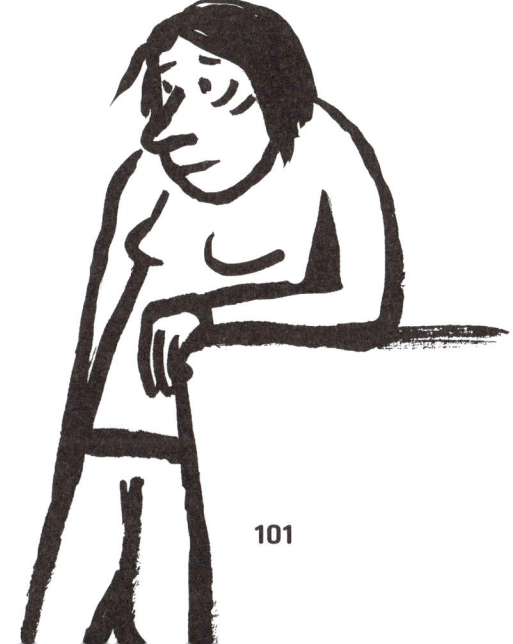

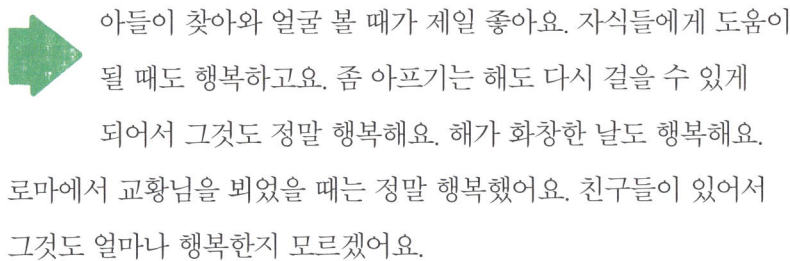

행복할 때도 있나요?

옐다

 아들이 찾아와 얼굴 볼 때가 제일 좋아요. 자식들에게 도움이 될 때도 행복하고요. 좀 아프기는 해도 다시 걸을 수 있게 되어서 그것도 정말 행복해요. 해가 화창한 날도 행복해요. 로마에서 교황님을 뵈었을 때는 정말 행복했어요. 친구들이 있어서 그것도 얼마나 행복한지 모르겠어요.

엘즈비에타
노숙자 신문 판매인

집에 돌아와 내 고양이 세 마리가 반겨 줄 때 행복해요.

조니
노숙자 신문 판매인

인생에 좋은 날도 있나요?

율리

 그럼요. 날이 따뜻하고 화창한 날에는 정말 기분이 좋아요. 음악을 들을 때도 좋고요. 노숙자라고 만날 불행한 건 아니니까요.

미하엘
노숙자 신문 판매인

 아내가 함께 있을 때요. 아내가 없다면 오래전에 생을 포기했을 거예요. 둘이니까 힘들어도 잘 버티고 있어요.

클라이드
노숙자 신문 판매인

 스트레스가 너무 많아서 잘 없어요. 1990년 무렵은 좋았어요. 그때는 약혼자도 있었고, 집도 있었어요. 정말 좋았죠.

조니
노숙자 신문 판매인

 매일 행복해요. 어떻게 생각하느냐에 달렸죠. 물론 나와는 생각이 다른 사람도 많을 거예요.

빈센트
키즈에서 도움을 받는 거리의 청소년

돈이 많으면 무엇을 하고 싶나요?

메르트

> 당장 공항으로 달려가 비행기를 타고 태국으로 날아갈 거예요. 거기서 아무것도 하지 않고 즐길 거예요. 배낭 하나만 짊어지고 태양이 있는 곳으로!

미하엘
노숙자 신문 판매인

> 가난한 아이들을 돕고 싶어요. 어린이 마을 같은 곳에 기부를 많이 할 거예요. 그래야 그 아이들이 자라서 우리처럼 살지 않을 테니까요. 노숙자들도 도와주고 싶어요. 노숙자들이 쉴 수 있는 집을 지을 거예요. 그거면 충분해요. 돈이 더 많다고 더 행복해지는 건 아니니까요.

클라이드
노숙자 신문 판매인

 다 하고 싶죠. 친구들이랑 여행을 다닐 거예요. 차가 있으면 좋을 거 같아요. 지팡이를 짚고 다니는데, 대중교통을 이용하기가 너무 힘들어요. 그리고 마당이 있으면 좋겠어요. 꽃을 정말 좋아하거든요.

엘즈비에타
노숙자 신문 판매인

 작은 집을 살 거예요. 이웃이 친절하고 큰 도로가 없어서 조용하면 좋을 것 같아요. 방음이 잘 되고 앞마당도 있으면 좋겠어요. 고양이를 30마리쯤 키우고 싶거든요.

조니
노숙자 신문 판매인

아프면 어떻게 하나요?

이제

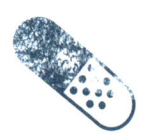 병원에 가죠. 의료보험이 돼요. 기초 생활 수급자는 의료보험 혜택을 받아요.

미하엘
노숙자 신문 판매인

음식은 어떻게 구해요? 어디서 먹어요?

말라이카, 칸수, 푸르칸

키즈나 타펠에 가면 급식을 해요. 청소년 시설에서 살기 때문에 거기서도 밥을 줘요.

빈센트
키즈에서 도움을 받음

싼 마트를 이용해요. 무료 급식하는 데가 있으면 거기서 먹지요. 휴대용 가스레인지가 있어서 데워 먹을 수 있어요.

바클라프
노숙자

집에서 직접 만들어 먹어요. 가끔은 인스턴트 제품을 이용하지요.

미하엘
노숙자 신문 판매인

정치인들에게 바라는 것이 있나요?

마틸다

 생각을 바꿔줬으면 좋겠어요. 가난한 사람들이 살 수 있는 임대주택이 너무 적어요. 집세가 너무 비싸 살 수 없으니까 거리로 나올 수밖에 없어요.

라우라-안
노숙자 신문 판매인

"카운터에 문의하시오"
노숙자 신문

하루 종일 뭐하세요?

아넬리에

정해진 장소에서 신문을 팔아요. 헤르츠 AS나 카페 미트 헤르츠에서 밥을 먹고, 샤워도 하고, 빨래도 해요. 그럼 하루가 금방 지나죠.

미하엘
노숙자 신문 판매인

신문도 팔고, 빈병도 모으고, 구걸하기도 해요. 신문을 팔 때는 구걸하면 안 돼요. 금지예요.

클라이드
노숙자 신문 판매인

명절 같은 특별한 날에는 뭘 하나요?

라우라

 식구들과 지내죠. 음식도 먹고. 모두가 그런 것처럼.

엘즈비에타
노숙자 신문 판매인

 나와 아내의 생일만 둘이서 서로 챙겨요. 다른 날은 신경 안 써요.

클라이드
노숙자 신문 판매인

 아무것도 안 해요. 그런 걸 챙기지 않은 지 15년쯤 되었어요. 뭐하러 해요?

조니
노숙자 신문 판매인

생일에 선물을 받나요?

타라

 생일에 치즈케이크 한 조각을 사서 혼자 축하해요. "행복해. 조니!" 그렇게 혼자 속삭이지요.

조니
노숙자 신문 판매인

크리스마스에는 어떻게 지내요?

유나

 크리스마스에 우리를 위해 음식을 주는 식당이 있어요. 거기에 가죠. 또 힌츠&쿤츠트에서도 파티를 열어서 맛있는 음식도 주고 음악도 틀어주지요. 정말 재미있어요. 생일은 챙기지 않아요. 관심 없어요.

미하엘
노숙자 신문 판매인

우리 가족을 도와주세요

왜 가족이 도와주지 않나요?

플레르

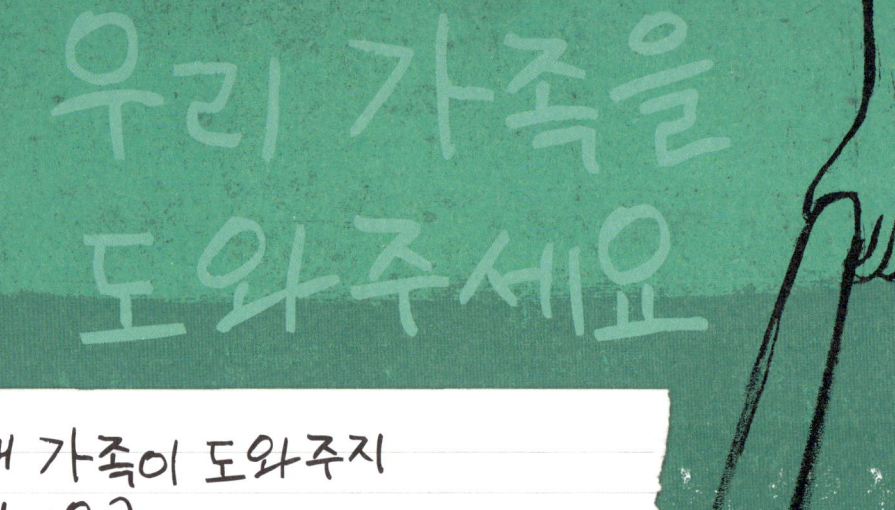

 아직 살아 있는지도 몰라요. 연락하지 않은 지가 너무 오래되어서요.

미하엘
노숙자 신문 판매인

 가족과는 어릴 때 헤어졌어요. 엄마는 정신병원에 들어갔고, 아빠는 일하느라 따로 살았거든요. 사랑을 빌미로 가족한테 돈을 구걸하기는 싫어요.

라우라-안
노숙자 신문 판매인

 이미 오래전에 죽었죠.

조니
노숙자 신문 판매인

버림받았다는 느낌이 드나요?

아넬리에

 국가가 날 버렸어요. 아직 18살밖에 안 되었는데, 아무도 날 도와주지 않아요. 국가보조금을 받으려면 거주지가 있어야 해서 안 되더라고요.

니코
키즈에서 도움을 받음

 정치가 우리를 버렸어요. 난민들한테는 신경을 쓰면서 왜 노숙자들에게는 관심이 없는지 모르겠어요.

클라이드
노숙자 신문 판매인

 아니요. 나는 마음이 편해요. 친구들이 있지만 그들을 이용하고 싶지는 않아요.

바클라프
노숙자

춥지 않나요?

말라이카

▶ 슬리핑백이 있어서 괜찮아요. 은행 앞에서 자요. 다리 밑은 위험하거든요.

바클라프
노숙자

휴대전화가 있나요?

막시

 있는데 고장 났어요. 없어도 돼요.

미하엘
노숙자 신문 판매인

 오래된 게 하나 있어요. 구걸하다가 얻었어요.

클라이드
노숙자 신문 판매인

아픈 데가 있나요?

아르나스

 난 알코올중독에 골초예요. 둘 다 몸에 안 좋은 건 아는데 끊을 수가 없어요. 술 담배는 아예 처음부터 입에 대지 말아야 해요. 젊은 사람들을 정말 말리고 싶어요.

클라이드
노숙자 신문 판매인

부모님이 다정하게 대해주셨나요?

레네르트

 그럼요. 정말 잘 해주셨죠. 물론 다툼도 있었지만 금방 풀었어요. 요즘에는 애들을 때리는 부모가 없잖아요.

미하엘
노숙자 신문 판매인

 아버지는 많이 사랑해주셨어요. 어머니는 내가 19살 때 집을 나갔어요. 할머니가 항상 곁에 계셨어요.

조니
노숙자 신문 판매인

자신이 가난해서 부끄러운가요?

알마

처음에는 가난하다고 말하기가 힘들었어요. 하지만 지금은 솔직하게 이야기해요. 그래야 존중받을 수 있어요. 예전에는 알코올중독이어서 술 마시느라 가진 돈을 다 썼어요. 술을 끊은 지 30개월이 되었는데, 그런 나 자신이 얼마나 자랑스러운지 모르겠어요. 술을 끊고 나니까 상황이 한결 나아졌어요. 모든 사람이 나처럼 새 출발할 수 있는 기회를 얻어야 한다고 생각해요.

토마스
노숙자 신문 판매인

노숙자가 왜 개를 키워요?

플레르

▶ 지켜주니까요. 또 가족이니까요.

클라이드
노숙자 신문 판매인

자신의 삶에 만족하나요?

푸르칸

만족해요. 지금까지 잘 살아준 나 자신이 자랑스럽고, 자식들도 자랑스러워요. 다들 좋은 학교를 나왔죠. 그래도 힘들기는 해요. 늘 걱정, 걱정, 걱정이죠.

엘즈비에타
노숙자 신문 판매인

주거 환경이 나아졌으면 좋겠어요.

라우라-안
노숙자 신문 판매인

말도 안 되지. 어떻게 이런 생활에 만족할 수가 있어요.

미하엘
노숙자 신문 판매인

 지금은 그래요. 집이 있으니까요. 시끄럽기는 하지만 귀마개를 하면 견딜 만해요. 〈힌츠&쿤츠트〉를 팔 수 있는 것도 너무 좋아요. 자리도 좋아서 비가 와도 젖지 않고, 손님들도 친절해요. 다들 날 알아보고 옷이나 먹을 걸 주거나 심지어 꽃이나 선물을 주기도 해요. 한 번은 행운을 준다는 큰 천사를 선물로 받은 적도 있어요. 그래서 지금 삶에 만족해요.

조니
노숙자 신문 판매인

 그냥저냥. 그래도 집이 있으면 좋을 거 같아요. 지구에서 전쟁도 없어졌으면 좋겠어요.

클라이드
노숙자 신문 판매인

 뭐, 앞으로 더 나아지겠죠.

디터
노숙자 신문 판매인

소원이 있다면?

그레타

 20살이 되면 군대에 가고 싶어요. 예전부터 전투기와 무기가 좋았고, 달리기도 잘하거든요. 죽을까 봐 걱정은 안 해요. 그런 두려움은 없어요.

제바스티안
키즈에서 도움을 받음

 헤어진 그녀를 다시 만났으면 좋겠고, 휴대전화를 새로 사고 싶어요.

호페
키즈에서 도움을 받음

 모든 사람이 수입이 있으면 좋겠어요. 그리고 욕조도요.

톰
노숙자 신문 판매인

 조용하고 안전한 삶이요. 그리고 지금보다 상황이 더 나아졌으면 좋겠어요.

데틀레프
노숙자 신문 판매인

대답을 해주신 분들

(**은 성을 구체적으로 밝히지 않은 사람들입니다. 본인들이 밝히기를 꺼려서 **로 대신했습니다.)

벤야민 아드리온 축구선수였고, 대학에서 국제경영을 전공했습니다. FC 상 파울리에서 축구선수로 활약하다가 2005년 식수 보급의 필요성을 깨닫고, 친구들과 함께 자선단체 비바 콘 아구아를 설립했습니다. 전 세계적으로 200만 명이 넘는 사람들의 생활환경을 개선한 공로로 독일 십자공로훈장을 받았습니다.

카타준 아미르푸르 함부르크 대학교 세계종교 아카데미의 이슬람 신학과 교수입니다.

발렌틴 베크 철학자입니다. 1979년 뮌헨에서 태어났고, 베를린과 파리에서 문예학과 철학을 공부한 후 브레멘 대학교, 프랑크푸르트 대학교, 오스트레일리아 국립대학교에서 학생들을 가르쳤습니다. 2012년부터는 베를린 자유대학교 철학연구소에서 실천철학 문제를 연구하며 학생들을 가르치고 있습니다. 2016년 《글로벌 책임의 이론. 극단적 가난에 처한 사람들에게 우리는 무슨 빚을 졌는가》를 출간했습니다.

키르스텐 보이에 아동 청소년 작가입니다. 지금까지 약 100권의 책을 썼습니다. 그 공을 인정받아 2007년 독일 청소년 문학상 특별상을 수상했고, 2011년에는 대통령으로부터 1급 십자공로훈장을 받았습니다. 또 아동 청소년 문학에서 가장 권위 있는 한스 크리스티안 안데르센상에 세 번이나 후보로 선정됐으며, 《말할 수 없는 것들이 있습니다》로 2013년 올해의 룩스상을 받았습니다. 대표작으로는 《아빠는 전업주부》, 《레나는 축구광》, 《축구 소녀 레나가 어떻게 수학을 좋아하게 되었지?》, 《수요일엔 과외가 없다》, 《발레 하는 남자친구의 편지》, 《아이들이 혼자 자란다고?》, 《보상아》, 《나는 반창고를 좋아해》, 《여덟 명이 모이면 무슨 일이 생길까?》, 《다 잘 될 거야》가 있습니다. 1950년 함부르크에서 태어났고, 두 명의 아이를 입양해 훌륭한 어른으로 키웠습니다. 현재 남편과 함께 함부르크에서 살고 있습니다.

크리스토프 부터베게 정치학자이자 빈곤 연구가입니다. 쾰른 대학교 정치학과 교수로 학생들을 가르치다가 2016년 퇴직했습니다. 빈곤에 관한 많은 책을 썼고, 2016년에는 좌파당의 대통령 후보로 지명되기도 했습니다.

앤서니 캔티 함부르크 타워스 소속 농구선수입니다. 2012년에는 국가대표로 발탁되기도 했습니다. 2015~17 두 시즌 동안 함부르크 타워스에서 가장 기량이 뛰어난 선수로 성장했습니다.

클라이드 ** 38살의 노숙자입니다. 함부르크에서 노숙자 신문 〈힌츠&쿤스트〉를 판매합니다.

새미 디럭스 독일의 음악가입니다. 본명은 새미 조르게로, 1997년에 태어났고, 어릴 때부터 작곡에 소질을 보였습니다. 그의 데뷔 앨범은 발매되자마자 곧바로 차트 4위로 뛰어올랐고, 몇십 만 장의 판매 기록을 올렸습니다. 그 후로도 주요 음악상을 휩쓸었습니다. 아들이 태어난 후에는 디럭스키즈 협회를 설립해, 청소년들에게 음악과 언어와 춤과 미술을 가르치고 있습니다.

데틀레프 ** 59살이고 함부르크에서 노숙자 신문 〈힌츠&쿤스트〉를 판매합니다.

디터 ** 66살이고 교회에서 운영하는 노숙자 쉼

터에서 살고 있습니다. 노숙자 신문 〈힌츠&쿤츠트〉를 판매합니다.

엘즈비에타 51살이고 함부르크에서 노숙자 신문 〈힌츠&쿤츠트〉를 판매합니다. 척추 질환 때문에 목발을 짚습니다. 다행히 지금은 집을 구해서 노숙자 신세를 면했습니다.

로버트 퍼거슨 농구선수입니다. 2015년부터 함부르크 타워스의 주장을 맡고 있습니다. 미국 플로리다에서 태어난 그는 키가 2m 3cm로, 2009년부터 프로선수로 활동했습니다. 두 아이의 아빠입니다.

플로리안 괴셀레 푸드쉐어링 활동가입니다. 진짜 직업은 IT 자문이고, 나이는 28살입니다.

호페, 니코, 제바스티안, 빈센트 함부르크에 사는 15살에서 18살의 청소년들입니다. 거리의 아이들을 돕는 상담 기관 키즈의 도움을 받고 있습니다.

베르너 헤롤트 출판사 사장입니다. 1954년에 태어났고, 어린 나이에 인쇄소에서 일을 시작했습니다. 인쇄소 계열사인 출판사로 자리를 옮겨 10년 동안 제조, 홍보 등 다양한 일을 했습니다. 1982년 출판사가 파산하자 동료들과 힘을 모아 출판사를 차렸고 크게 성장한 출판사를 90년대 중반에 팔았습니다. 지금은 그 출판사의 프로그램 팀장으로 일하고 있습니다.

미하엘 호르바흐 재단 이사장이자 사진작가입니다. 1950년 아헨에서 노동자의 아들로 태어났습니다. 경제학을 공부한 후 '호르바흐 경제 자문' 회사를 설립했습니다. 17년 후 선도적인 유럽 금융서비스 기업에 회사를 팔았고, 같은 해 100만 마르크를 출현해 미하엘 호르바흐 재단을 설립했습니다. 현재는 아들 팀과 함께 재단을 운영하고 있습니다.

미하엘 휘터 1962년 뒤셀도르프에서 태어나서 노이스에서 성장했습니다. 기센 대학교에서 경제학과 역사를 공부했으며, 1990년 박사학위를 받은 후 여러 기관과 대학에서 연구와 강의를 했습니다. 2004년부터 쾰른 독일 경제 연구소를 맡아 이끌고 있습니다.

울라 옐프케 기자이자 좌파당 소속 연방의회의원입니다. 미용사, 서점 판매인 등 여러 직업을 거친 후 다시 공부를 시작해 사회학과 경제학을 전공했습니다. 현재 연방의회 좌파당 원내 대변인으로 활동 중입니다. 이민과 난민 정책, 기본권 수호, 반파시즘, 인권 문제 등에 관심이 많습니다.

슈테판 카렌바우어 함부르크 노숙자 신문 〈힌츠&쿤츠트〉의 활동가입니다. 1962년 함부르크에서 태어났고, 교도관이었던 아버지 덕분에 일찍부터 어려운 처지의 사람들에게 관심을 가졌습니다. 사회복지를 공부한 후 교도소 마약 시설에서 일하다가 1995년 힌츠&쿤츠트로 오게 되었습니다. 현재는 힌츠&쿤츠트의 정책 대변인이자 브로트레터의 프로젝터 팀장으로 일하고 있습니다. 사회 문제를 해결하기 위한 혁신적 아이디어 개발에 관심이 많습니다.

라우라-안 25살이며, 함부르크에서 노숙자 신문 〈힌츠&쿤츠트〉를 판매합니다. 방을 구해서 노숙자 신세를 면했습니다.

헬머-크리스토프 레만 복음주의 교회 목사입니다.

세계교회협의회의 빈곤퇴치 단체인 오이코크레딧(신용을 통해 빈곤층에게 권한을 부여함으로써 국제 정의를 도모하는 사회적 투자기관이자 국제적인 협동조합)에서 활동하고 있습니다. 1935년에 태어났고, 결혼해 함부르크에서 살고 있습니다.

멜라니 레온하르트 사회민주당 소속 정치인이며, 함부르크 시의회 복지위원입니다. 1977년에 태어났고, 결혼해 아들이 한 명 있습니다.

펠릭스 M. ** 1998년 함부르크의 유복한 가정에서 태어났습니다. 인터뷰 당시 대학교에 들어갈 예정이었으며, 두 명의 여자 형제가 있습니다.

미하엘 ** 50살이며, 함부르크에서 노숙자 신문 〈힌츠&쿤츠트〉를 판매합니다.

디르크 노비츠키 독일 프로 농구선수입니다. 1978년에 태어났고, 1998년부터 북미 프로 리그 NBA에 진출하여 댈러스 매버릭스 팀에서 선수로 활동했습니다.

브리기트 오네조르게 56살이며, 네 아이의 엄마입니다. 함부르크에서 태어났고, 현재 독일어 및 영어 교사로 아이들을 가르치고 있습니다. 이 책에서 질문을 던진 아이들은 그녀가 담임을 맡은 반 아이들입니다.

프란트 요제프 오버베크 주교 1964년 마를에서 태어났고, 뮌스터와 로마에서 신학과 철학을 공부한 후 1989년 요제프 라칭거 추기경으로부터 사제 서품을 받았습니다. 라칭거 추기경은 훗날 교황 베네딕토 16세가 되었습니다. 2007년 뮌스터 부주교로, 2009년 에센 주교로 임명되었습니다.

쳄 외츠데미르 정치인으로 독일 연방의회 의원입니다. 동맹 90/ 녹색당의 당수입니다. 결혼해 두 명의 자녀를 두었고, 베를린에서 살고 있습니다.

노아 P. ** 함부르크의 유복한 가정에서 태어났습니다. 19살이고 세 자매가 있습니다. 인터뷰 당시 대학입시 시험을 치르고, 대학생활을 시작할 예정이었습니다.

케르스틴 R. ** 기업가 집안의 아들이어서 부족할 것 없이 자랐습니다. 대학을 마친 후 중미로 건너가 난민들과 생활했습니다. 현재는 브뤼셀에서 활동하며, 인권 문제 개선에 힘쓰고 있습니다.

카롤라 롤로프 함부르크 대학교 세계종교 아카데미에서 불교를 연구하며, 학생들을 가르치고 있습니다.

미하엘 슐테-마르크보르트 함부르크-에펜도르프 대학병원 아동청소년 정신과 의사이자 알코나 아동병원 정신신체의학과 과장입니다. 1956년 오스나브뤼크에서 태어났습니다. 그동안 수천 명의 아이들을 치료했으며, 무엇보다 아이의 입장에서 세상을 바라보기 위해 노력하고 있습니다.

토비아스 슐츠 브로트레터 함부르크를 설립하였습니다. 1991년 함부르크 대형 제과점에서 판매원으로 일을 시작해, 1999년에는 함부르크 지역 전체를 관리하는 영업 팀장으로 승진했고, 현재는 이사가 되었습니다. 브로트레터의 각 영업점에서는 전날 만든 빵을 싼 가격에 판매합니다. 결혼해 한 명의 딸을 두었으며, 함부르크에서 살고 있습니다.

조니 ** 56살이며 함부르크에서 노숙자 신문 〈힌츠&쿤츠트〉를 판매합니다. 소음이 무척 심하지만 그래도 집이 있습니다.

카차 주딩 자유민주당 부당수입니다. 35살의 젊은 나이에 함부르크 시의회 자유민주당 원내대표로 선출되었고, 3년 후 함부르크주 당위원장이 되었습니다. 2017년에는 연방의회 의원으로 선출되었습니다. 두 명의 아들을 두었습니다.

톰 ** 49살이며 함부르크에서 노숙자 신문 〈힌츠&쿤츠트〉를 판매합니다.

토마스 ** 39살이며 함부르크에서 월세 방을 얻어 살고 있습니다. 노숙자 신문 〈힌츠&쿤츠트〉를 판매합니다.

바클라프 ** 노숙자입니다. 가끔 노숙자 신문 〈힌츠&쿤츠트〉를 판매합니다.

옌스 바브르체크 덴마크에서 태어났고, 어린 시절 함부르크 NRD 방송국에서 제작한 아스트리드 린드그렌의 〈사자왕 형제의 모험〉 방송극에 성우로 출연했습니다. 함부르크, 빈, 뉴욕에서 배우 수업을 받은 후 다양한 역할을 연기했습니다.

옌스 브라게 함부르거 타펠의 대표이사입니다. 함부르크 고가철도 마케팅 부서에서 일했고, 알스터 관광회사 사장을 역임했습니다. 현재는 은퇴하고 함부르거 타펠 협회에서 일하고 있습니다.

미하엘 짐머만 함부르크 대학교 아시아 아프리카 연구소에서 인도 철학을 가르치고 있습니다. 불교와 국가 권력의 관계 같은 불교 윤리 문제에 관심이 많습니다.

가난, 아이들이 묻다

초판 1쇄 발행 2021년 6월 25일
초판 2쇄 발행 2022년 5월 5일

지은이 유타 바우어
그린이 카타리나 하이네스
옮긴이 장혜경
펴낸이 이혜경

펴낸곳 니케북스
출판등록 2014년 4월 7일 제300-2014-102호
주소 서울시 종로구 새문안로 92 광화문 오피시아 1717호
전화 (02) 735-9515
팩스 (02) 6499-9518
전자우편 nikebooks@naver.com
블로그 nikebooks.co.kr
페이스북 www.facebook.com/nikebooks
인스타그램 www.instagram.com/nike_books

한국어판 ⓒ 니케북스, 2021
ISBN 978-89-98062-17-0 73300

니케주니어는 니케북스의 아동·청소년 브랜드입니다.

책값은 뒤표지에 있습니다.
잘못된 책은 구입한 서점에서 바꿔드립니다.